「たったひと言」で
好かれる人になる

はじめに

「あなたはメールやSNSのことを勉強したことがありますか？」

ほとんどの方は英会話やビジネスに関することは学びますが、メールやSNSについては、自己流で書いたり、日常の行動のひとつとして何気なくやりとりしていると思います。

リアルで会えない今という時代、人と人とのコミュニケーションスキルは、対人関係においてかなり大事な要素となっています。

ひと昔前のコミュニケーションは、「会う」「手紙」「電話」が中心でした。

でも、この1年で時代は激変しました。安全に距離をとるために、リアルで会うよりはSNSやメール、Zoomで。ビジネスでは営業でも社内ミーティングでも、プライベートでは友人や恋人にすら会いづらくなっている状況です。

対面での会話に代わって、気軽にやりとりできるメールやメッセージを利用する頻度は上がる一方。そんなオンライン時代、コミュニケーションが上手いかどうかは、おおげさではなく命を左右するくらいめちゃくちゃ大事なことなのです。

にもかかわらず、メールの書き方を習ったことがある人は1人もいません。
だから書き方はみんな自己流。茶道や華道、英会話などと違って、メールの歴史はまだ浅く、日本で普及し始めてから30年ほどしか経っていません。SNSに関しては20年ほど、スマホに限定するならここ10年ほどの話です。

こうした背景もあって、メールやメッセージの書き方を習う機会はほとんどなく、学校や会社でも教えてくれません。だからこそ、あなたがメールの書き方を学べば強力な武器となるのです。

人の悩みは、9割以上が人間関係に起因します。お金の悩みも、仕事の悩みも、その根本は人間関係にあります。メールでのコミュニケーションが上手になれば、人間関係が円滑になり、こうした悩みも解消できます。

恋愛についてもそう。対面する機会が減っている今だからこそ、話すのが苦手な人はメール・メッセージで挽回するチャンスです。

さあ、あなたのメール偏差値がグイグイ上がるお手伝いを喜んでしたいと思います。一緒にメールの書き方を学んで、幸せな人生を手に入れましょう。あなたならできます。

メールを制するものは人生を制する！

白鳥マキ

＼あなたは女性にどう思われている？／

好かれ指数 セルフチェック

- □ やりとりするなら直接LINEがいい
- □ SNSでもメールでもレスは早いに越したことはない
- □ 自分の得意ジャンルや好きなネタになると話が止まらない
- □ 優しくした方が女性に好かれる
- □ メールは5行以上で書かないと失礼にあたる
- □ LINEスタンプはしばらく買っていない
- □ メールもメッセージも読み返さずに送っている
- □ スキマ時間はたいていゲームや動画に興じている
- □ 女性と1対1になると間が持たない
- □ 女性と仲を深めるなら会った方が早い
- □ SNSやメールは時間を気にせずやりとりできるのがメリットだと思う
- □ 女性はほめた方がいい

備考

20の設問のうち、自分が当てはまると思うものに○をつけてください。○の個数を数えたら、次のページへ進みましょう。

- □ 女性と話すときはアドバイスすることが多い
- □ ファッションは無難な色でまとめることが多い
- □ 「でも」「だけど」をよく使う
- □ 約束を断るときはつい長く言い訳してしまう
- □ 他人の目がわりと気になるタイプだ
- □ オンラインミーティングはあまりしたくない
- □ 仕事ではオンラインミーティングよりリアルで話したい
- □ オンラインミーティングやリモート飲み会ではバーチャル背景を使っている

○の数

□ 個

＼ 好かれ指数 セルフチェック ／

診断結果

◯の数が1〜5個だったあなたは

好かれ指数

100%

女性からの好感度はかなり高め。◯をつけた項目があなたのウィークポイントなので、本書でそこを克服して、さらに「好かれる人」になってください！

◯の数が6〜10個だったあなたは

好かれ指数

75%

「悪い人じゃないよね」と思われるくらいのレベルには達しているあなた。本書を読んで「いい人だよね」「すてきだよね」と言われる、ワンランク上の男に変身しましょう。

○の数が11～15個だったあなたは

好かれ指数

50%

女性の心理や、文章でのコミュニケーションについての理解がやや足りないようです。本書で思い込みや勘違いをリセットして、正しいコミュニケーション術を身につけて。

○の数が16～20個だったあなたは

好かれ指数

30%

この結果を見ても、落ち込む必要はありません。本書を手にとった瞬間から、「好かれる人」になる未来は開けています。まずは本書のテクニックを実践してみましょう！

もくじ

第3章 マッチングアプリで好かれるひと言

第4章 オンラインミーティングで好かれるひと言

第5章 リモート飲み会で好かれるひと言

コラム

第1章

SNSで
好かれるひと言

1回のやりとりで「いい人だな」と思わせる

SNSの基本ポイント

SNSで心理的距離感をつかんで味方につけよう

気になる女性、距離を縮めたい女性とSNSでやりとりを始めるとき、あなたならどのツールを選びますか？

SNSには**目に見えない距離感**があります。

やりとりの方法を距離の近い順に並べると、

対面

電話
LINE
インスタグラムやメッセンジャー
ショートメール
ツイッターなどの一般的な投稿へのリプライ
Eメール

です。これらを、仲良くなった度合いに合わせて使いこなせれば最高です。

相手の女性に、深く考えずに「LINE教えて」と、**仲良くなっていない間**にお願いしていませんか？

あまり女性に慣れていない男性がやりがちなのが、短時間で距離を縮める行為。女性は好きになる前に、「この人は自分にとって安全か安全でないか」を見極めようとします。男性が思うよりも、女性は生物学的に警戒心が強いものです。

不用意に近づこうとすると不安を与えてしまうので、できれば**「○○さんと気軽に連絡を取りたいんだけど、LINE、メッセンジャー、インスタ、電話だと、どれがいちばん楽かな？」**と聞いてみましょう。

ツールは女性に指定してもらうのがベスト。インスタグラムのダイレクトメッセージや、フェイスブックのメッセンジャーなどは、比較的ハードルが低く、女性の側もLINEよりは距離感を感じられるのでおすすめです。

まどろっこしいと感じるかもしれませんが、焦らずに相手との距離を縮めていきましょう。

返事するまでの「間」は相手に合わせる

やりとりを長続きさせるコツは、**相手のペースに合わせること**。メッセージをもらうと、「早く返さなきゃ」と即レスしてしまいがちですが、相手によっては次の返事をせかされているように感じるかもしれません。

ポンポンとメッセージをくれる相手には、こちらも早めに返事を。いつも返事が来るまで間が空く相手なら、こちらも返事はゆっくりめに。ペースがつかみづらければ、相手が心地いいと感じるペースを聞いてみるのもいいでしょう。仲が深まって返事が早くなってきたら、「早く返事をした方がいいかな？」「早くレスしたら負担になるかな？」などと聞いてみましょう。

スタンプや顔文字を使うかも相手しだいで

親しみやすさを出したくて、一発目のメッセージからスタンプや顔文字を使う男性がいますが、相手によっては「なれなれしい」「うわ、寒い」と悪印象を持たれかねません。

スタンプや顔文字を使うかどうかも、相手に合わせて判断を。相手が使うタイプなら、こちらも使ってＯＫ。**相手が使っているスタンプと同じものを買ったり、似たテイストのスタンプや顔文字を使ったり**と、相手にちょっと寄り添うのがコツです。

これは、言葉づかいやテンションでも言えること。相手が「昨日は暑かったですね」と丁寧な口調なのに、「昨日はめっちゃ暑かったよね～」と返したら、相手はイラッとするかもしれません。ほど良く相手に合わせれば、相手は「この人は私を理解してくれている」と感じ、自然と距離も縮まっていくでしょう。

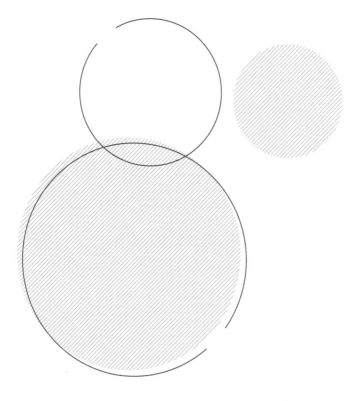

連絡先を交換したら

インスタのアカウント
教えてくれてありがとう。
またよろしくね！

OK！

NG！

アカウント教えてもらったから
さっそく送ってみたよ(*^ヮ^*)
休みの日なにしてる？　会いたいな

お礼もなく、いきなりなれなれしいメッセージを送っても、好感度を下げるだけ。顔文字も最初から入れるのは危険です。

☑ 女性の心をつかむキーワードは「共感」

食事会や飲み会などで女性と連絡先を交換したら、お礼がてら、メッセージを送るといいでしょう。まずは「インスタのアカウント、教えてくれてありがとう」「LINE交換してくれてありがとう」と、**相手への感謝を伝える**こと。

続けて、「○○さんの話、何となく理解できたよ」「俺も○○ちゃんと同じことを考えてたよ」など、相手に寄り添うようなひと言を。これだけで、あなたの好感度がグンとアップします。

男脳は「尊敬されたい」、女脳は「共感してほしい」。女性とメッセージをやりとりする際には、この違いを理解することが重要です。女性から男性にメッセージを送るときは、「○○君が選んだお店、すごく雰囲気良かったね！」とほめすぎるくらいほめるのが正解となりますが、男性から女性に同じメッセージを送っても「見えすいたお世辞を言っちゃって」と素直に受け取られない可能性大。誰でもほめられればうれしいもの、という思い込みは、女性には通用しないのです。

食事や映画に誘う

今度、B君やCさんも誘って
みんなで食事しませんか？
21時には終了しますね。

OK！

NG！

今度、ゆっくり2人で
食事しませんか？

女性は安心・安全が欲しいもの。最初は複数のイベントや食事会に誘って、終了時間も伝えておくといいでしょう。

☑ 会ってもいいと思うタイミングは女性ごとに違う

あまり仲が深まっていないうちは、男性に突然近づかれたり、会うこと自体を怖がったりする女性も少なくありません。ですから、お誘いをかけるなら慎重に進めましょう。最初から「2人で食事しませんか」と〝あなただけアピール〟をすると、女性は警戒してしまいます。まして夜に会うとなれば、下心があるんじゃないかと勘ぐられてしまうでしょう。お誘いをかけるなら、できれば**夜ではなくランチ**に。その後の時間も気にならないし、危険度のハードルも下がるので、レッスンとしてちょうどいいでしょう。

女性が2人きりで会ってもいいと思うタイミングは、その人のタイプによって違います。

① 時間で仲良くなる距離を測る人（まだ半年、1年などを気にするタイプ）
② 回数で仲良くなる距離を測る人（まだ3回目、もう10回以上など）
③ 時間も回数も関係ナシ、そのときのフィーリング派

男性は比較的③が多いのですが、女性は①・②が多いのが特徴。一夜限りの関係もアリだという女性は、③のタイプです。

相手がどのタイプかを調べたいときは、今まで付き合ってきた人との過去を聞き出してみるといいでしょう。ストレートに聞くのではなく、

あなた「○○さんが男の人と仲良くなるときって、知り合ってからの時間と会った回数、どっちかなあ?」

相手「私は結構時間をかけたいタイプかも」

という感じで聞けば、相手も答えやすくなります。③のタイプの女性なら、「そんなのは関係なくて、フィーリングかな?」と返してきます。このようにヒアリングしてみてください。

ちなみにこれは、仕事で営業をかけるときも同じテクニックが使えます。お客様に対して、先の質問を言い換えて、どのタイプなのかをリサーチしてみるのもいいでしょう。

約束を断るなら

その日は残念ですが、行けません。
仕事で時間の調整が難しく、
またお誘いください。

OK!

NG!

その日はたまたま試験で夜まで勉強で、
昼間も図書館にいるし、電話もとれないんだよね。
あと今月は引っ越しとか事務所が変わったり
したのもあって、体調もあまり良くなくて。
だからその日は難しいかな。

約束を断るときは、はっきり、すっきり断るのが理想です。文章が長くなるほど、好かれ度合いも下がっていきます。

お断りのメッセージは3行以内で！

約束を断るときは**3行以内で、なるべく文章を削ぎ落とす**ことが大切。長い文章＝丁寧だと思っている人は、コミュニケーションエラー（※1）を起こしています。ぜひシンプルに、

① まず最初に行けないことを伝える
② 理由を手短に入れる
③ また誘ってくださいと伝える

こちらを3行以内にまとめてみてください。
②の「手短に」については、
×「頭が痛くて熱もあり、昨日から仕事も……」
○「体調が悪いので」
こんなふうに短く書くといいでしょう。

※1　必要な情報を相手に伝えられない、伝えた内容が相手に正しく理解されない、などのエラー。

愚痴や相談、どう返す？

そうなんだ。
○○ちゃんが心配だから、
俺で良ければ力になるよ。

OK！

NG！

ふーん、でもさぁ、××だよね。
そういえばこの前、
こんなことがあってさ。

相手に相談させず、自分の話ばかりを書くのは絶対にNGです。
特に、自分の話にすり替える人が多いので要注意。

☑ “うん　そう　なるリピート法”で返していく

女性から愚痴やささいな話を振られたとき、「ふーん」と流したり、「ところでさ」と話を切り替えていませんか？　相手の話を聞かず、自分の話ばかりしていると、「私の話なんてどうでもいいんだな」とがっかりされてしまいます。

そんなときにおすすめしたいのが、**「うん」「そうなんだ」「なるほどね」**で返す“うん　そう　なるリピート法”。あいづちを入れることで、相手は話を受け止めてもらえたと判断し、話しやすくなります。このテクニックでは、**同じ言葉を2回以上返していく**と、相手はより安心して自己開示をしてくれるようになります。

「仕事が大変で」→「うんうん」「うんうん」

「疲れちゃって」→「そうなんだ」「そうなんだ」

さらに「○○ちゃんが心配だから、俺で良ければ力になるよ」とつなげれば、女性は寄り添ってくれたと感じ、互いの距離も縮まることでしょう。

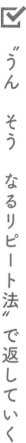

愚痴を聞いてもらうなら

○○ちゃんだから
聞いてほしいんだけど……。

OK!

NG!

○○ちゃんでいいから聞いてほしい。
愚痴を言える相手がいないんだよね。

女性に対して、「誰でもいい」という書き方は厳禁。必ず「君だけに」というメッセージを入れましょう。

☑ オンリーワンだと伝えることが大切

「私じゃなくても、誰でもいいんだ」を、女性はいちばん嫌います。「君だけに」というメッセージを入れることが必須です。

「〇〇ちゃんだけに」「〇〇ちゃんだから」

と、**オンリーワン**だと伝える言い回しを入れてみてください。これは、ビジネスなら上司や部下にも、恋愛や結婚関係ならお相手の女性にも使えるワードです。

プラス、**感謝の言葉を入れる**だけで相手の印象は変わります。愚痴を「言う」のではなく、「聞いてもらう」という気持ちを忘れずに。「〇〇ちゃんに励まされるとやる気が出るよ」「〇〇ちゃんのおかげで明日は頑張れそう。助かったよ」など、具体的に感謝のひと言を入れるましょう。そうすれば相手も、「聞いてあげて良かった」という気持ちになり、「私だから頼ってくれた」という特別感も感じることができます。

ただし、毎回同じセリフだと「いかにも」感が出るので、「仕事ができる〇〇ちゃんだから」など、**短く理由を添える**とさらに効果的です。

「ありがとう」は実は簡単に使ってはいけない！

感謝の言葉を添えるとき、注意しないといけない言葉が「ありがとう」です。私のクライアントさんにも、この言葉を多用する方がいますが、実は使い方に気をつけないといけないワード。「ありがとう」で締めくくると、相手が話すきっかけを奪ってしまいがちです。

相手「この前、楽しかったよね」
あなた「そうだね。ありがとう」

一見耳ざわりのいい言葉に思えますが、**会話を終わらせてしまう締めの言葉**でもあります。なので、私も長い話やメールのやりとりを終えたいときには、「ありがとう」を3回ほど使って、無難に話を切り上げています。プロでも使っているくらい、便利な言葉でもあるのです。

皆さんが話をまだ続けたいときは、「ありがとう」の代わりに、
「嬉しいです」「楽しかったです」

「感謝しています」「良かったです」

など、文章や会話を置き換える練習をしてみてください。

☑「ごめんなさい」は相手を怒らせる？

一方、謝罪の言葉でよく使いがちな「ごめんなさい」「申し訳ございませんでした」などは、相手に対して「これ以上は責めないで」というメッセージになりかねません。謝罪文の締めくくりの言葉としては使えますが、まだ相手が怒っている場合は、「お許しください」「どのようにしたら良くなりますか？」など、相手と話を続けられる言葉を選ぶのがベストです。

×「遅れてごめんね」

○「遅れちゃってごめんね。許してね」↓相手「全然大丈夫だよ。本当、いつもそうなんだから」

このように、相手の怒りを外に出すことができ、結果的に仲良くなれます。

Column 1

どうしても緊張してしまう人に教えたい〝奥の手〟

「どう思われているか」は卒業する

私は職業柄、講演会で何１００人もの受講者を前にしゃべる機会が多くあります。もちろん最初はとても緊張しましたが、経験を重ねるなかで緊張しない方法を身につけたのです。

その方法をお話する前に、皆さんに質問があります。

そもそも、人はなぜ緊張するのでしょうか？

それは相手から「自分がどう思われているか」を気にしているからです。

心理学の世界に「対人恐怖症」というものがありますが、海外では対人恐怖症の事例が非常に少ないため、的確な英語名がなく、場合によってはそのままローマ字で「Taijin = Kyofusho」と記すことがあるくらいです。ちなみに、英語では「Social anxiety disorder」（社交不安症）、「Social phobia」（社交恐怖）と表現することが多いようです。

日本人は世間体を気にする人種です。実は、よく知っている人と全然知らない人に対しては対人恐怖はなく、中途半端に知っている、例えば会社やＰＴＡなどで知っている程度の相手にいちばん恐怖を抱くと言われています。

外国では対人恐怖症＝自分以外のすべての人が対象なので、１対１で起こる対人恐怖症というのは、日本人特有の病気と言えます。

それゆえに、相手は自分のことを好きなのか嫌いなのか、変なヤツだと思われていないか……。そんなことを考えているうちに、緊張してしゃべれなくなるのです。だから、たくさんのオーディエンスがいて、「この人からは自分がどう見えているのか」が増えれば増えるほど、緊張も増していきます。

1対1でも同じで、相手の本心なんてまったく分かりません。「あなたなんか大嫌い」と言われたとしても、本当は大好きの裏返しかもしれません。どんなに相手の気持ちを推し量ってみたところで、答えは出ないんです。自分でも、自分の本心が分からないこともたくさんありますよね。

視点を切り替えれば、ウソのように緊張が消える！

それなら、「相手からどう思われているか」は捨てて、「自分が相手をどう思っているか」という視点に切り替えればいい。私はそこに気づいてから、たくさんの人を前にしてもいっさい緊張することがなくなりました。講演会でもセミナーでも、「私はみんなが大好き」だと思ってしゃべるようにしています。

お見合いやデートでも一緒。「この人が楽しんでくれればいい」とか「僕はこの子が好きだ」とか、自分が目の前の人をどう思っているのかだけを考えれば、一気に気持ちが楽になるはずです。

ましてやマッチングアプリで出会った相手なら、そのときに会ったのが最後になるかもしれないし、今後一生会うことはないかもしれません。だから、どう思われるかなんて気にせず、「この子、いいな」と思いながら普通にしゃべればいいんです。

今が克服するチャンス！〝悪口プラスの法則〟

悪口って、なぜ言われると腹が立ったり落ち込んだりしてしまうのか、皆さんは分かりますか？　自意識過剰な人は、悪口にも敏感に反応します。

例えば私はクライアントにこう話しています。自分がすごく足が長くて、身長も高い場合に、足が自分より短くて、身長も低い人から「お前は足が短くて、背も低い」と言われたらどうでしょうか。「ん、コイツ何を言ってるの？」と、イライラするどころか逆に相手が大丈夫なのかなと心配する余裕も出ますよね。

そんなあなたが、自分を「仕事ができない」と思っていたとします。「アイツは仕事ができない」と言われたら、「俺の悪口を言いやがって」とムッとしたり、ヘコんでしまったり。でもそれは、自分で「俺は仕事ができない」と思っているから、悪口だと受け取ってしまうのです。これを私は、〝悪口プラスの法則〟と教えています。「仕事ができない」と悪口を言った人よりも、自分の方が仕事ができると思っていれば、「ご冗談を」とサラッと返せるはずです。

実際に仕事ができない場合、悪口は心に突き刺さりますが、私はいつもこうアドバイスしています。

悪口を言われたときは、それを自分が克服するチャンスを神様が教えてくれているのです。そして、アドバイスした男性の1人に、どうやったら仕事ができる自分になれるのか、書き出してもらいました。すると半年後、彼は同じ相手に同じような悪口を言われても、落ち込んだりイライラしたりすることなく、さらには悪口が自分にとってプラスに働いたのです。

「それでも、やっぱり悪口を言われたら気分が悪いよ」という人もいるでしょう。そんな人は、こう考えてみてください。

悪口で傷つくときは、自分でも「たしかにそうかも」と思っているとき。つまり、自分が「ダメだな」と思っていることを、相手が鏡のようにあなたに見せてくれているんです。

そこでムッとするのではなく、「指摘してくれてありがとう」と相手に感謝し、今は悪いところを直すべき時期なのだと考えましょう。仕事ができないことを指摘されたのなら、努力して能力アップをはかるか、仕事ができない自分を素直に認めるか、選択肢はこの2つしかありません。

悪口を言われたからと相手に噛みつくよりは、あなたを良くしようと神様がくれたチャンスだと考えて。悪口嫌いではなく悪口もOKなあなたに変われば、好かれる人にもっと近づけることでしょう。

第2章

メールで好かれるひと言

ビジネスでもプライベートでも使える！

メールの基本ポイント

相手との距離を縮めるメールの送り方は？

ビジネスメールは、

① 礼儀正しく

② 正確に

③ わかりやすく

書くことが基本です。

最初のうちは、メールを送る相手に礼儀を尽くすのが基本です。ただ、いつまでも相手に敬語や丁寧なメールばかりを送るのも、お付き合いをしていくうえではもったいないですよね。

相手との距離を縮めたい場合は、もう少し相手との距離が近くなるようなメールを送るといいでしょう。

ただ、突然敬語で

「○○さんありがとうございます」

「それでね」

なんて、突然口調が変わるのは避けたいところ。くだけたラフなメールを送ってもいいか、**相手に「許可を取る」**ことが大切です。

メールでのおすすめの聞き方は、

「**もし**よければ」

の「もし」メール。「もし」は相手にやわらかい印象を与えますし、一瞬、脳内でその場面を想像してもらえる便利なワードです。

距離を縮めたい相手と、一度でもオンラインや対面で話す機会があれば、こんな感じで伝えてみてはいかがでしょうか。

「メールでいろいろやりとりさせていただいて楽しかったです。もし可能なら、○○さんが良ければ、少し敬語ではなく親しげなメールをお送りしても大丈夫ですか？」

事前にこう聞いておけば、いきなりラフなメールを送って、失敗する心配がなくなります。

相手の勤務先によっては、「メールは社内で共有しているので、他の人が見る可能性があるので少し難しいです」という返事が来るかもしれません。そのかわりに「LINEでやりとりしましょう」と提案してくれたり、プライベートメールのアドレスを教えてくれることも。そうなれば、相手に失礼がない形で、距離を縮めるメールに移行することができます。

「事故メール」を送らないためにどんなメールでも一度は読み返しを！

「事故メール」とは、相手の気分を悪くさせたり、相手を勘違いさせやすいメールのこと。

仕事でも恋愛でも、一方的に前置きの言葉を書いたり、相手の状況が分からないのに、自分の主観だけで短いメールを送ってしまうことがありますよね。

例えば、あなたが同僚に「みんなが反対しているよ」と忠告のメールを突然送りつけたら、相手は「え？　みんなが反対？　それは困った」とあわててしまいます。もしも受け取った相手が前向きでやる気になっていた場合、やる気を削ぐ**〝水差しメール〟**になりかねません。

相手の気分が落ちるようなメールを送るのは論外。しっかりと相手を立てて、相手の気持ちを尊重することが大切です。

先ほどのメールを、少し相手の気持ちを汲んで印象の良い書き方にするなら、

「〇〇さんが頑張ってやっているのはよく分かるし、とても素晴らしいと思っています。**そのうえで**、少し反対意見もあるみたいだけど応援しています」

というふうに、伝えにくいことや反論がある場合でも、

① 相手をまず認めてあげる

② 反対意見がある場合は、「そのうえで」「そして」という便利なワードをワンクッ

ション入れて意見をすることが必須です。

事故メールを防ぐための2つめの重要ポイントは、メールを書き終えたあと、そのまま送信ボタンを押さないこと。読み返しをせずに送信するのは、メールをするうえでかなり危険です。

送る相手や内容にかかわらず、メールはいったん、命に係わるような緊急事態以外は、**必ず読み返す**のがコミュニケーション事故を起こさないための鉄則。

自分や相手のテンション、感情は、特に時間帯や状況で変わりやすいものです。対面や電話なら相手の様子が分かるのですが、メールは相手がいつ読むかも分かりません。夜にお酒を飲みながら書いたメールや、テンションの高いときに書いたメールは、翌朝に自分で読み返すと恥ずかしくなったりするものです。

送る前に再度メールを読み返すか、夜に書いたものなら**いったん下書きとして**

保存し、翌朝に読み返してから送信するという選択肢もあります。緊急でない場合は、時間をおいて読み返してみるといいでしょう。

メールの返信は早い方がいい？

メールでよくやりがちなのが、相手からメールが来たらすぐに返信すること。これは基本的にNGです。

正解は、**相手の「間」に合わせる**こと。

そうすれば大失敗はない、ということを覚えておいてください。

一般常識では「メールの返信は早い方がいい」と言われますが、それはビジネスメールに限った話です。ビジネスメールでも、送る前に一呼吸おいて。一瞬の判断が一生の後悔になってしまうこともあるので、返信までの間をしっかりとってメールをしましょう。

プライベートなメールの場合、**「相手のテンポに合わせる」のが大正解**です。相手がメールをどんどん送ってくるタイプなら、なるべくテンポを合わせつつ、短めに、シンプルに返すのがコツ。こうすれば、相手との意思疎通が取りやすい状況を作れます。

相手がスローペースでやりとりするタイプなら、用件はなるべく短めにまとめて、ゆっくりめに返信することを心がけて。早く返信すると、相手はせかされているような気持ちになってしまい、返信のテンポが精神的な負担になってしまいます。

イメージとしては、ゆっくり歩く人にはゆっくりと、走っている人には一緒に走るように、返信をするとうまくいきやすいです。

何より大切なのは、最初の何回かのメールのやりとりで、相手の「間」をつかむこと。そして、その「間」に合わせることです。

極端に言えば、多少文章に自信がなくても、**「間」さえ意識していれば、誰で**

も良いコミュニケーションを取れるようになるんです。間をはかるには、相手が返信した時間がＬＩＮＥやメールに残っているので、それを参考にするといいでしょう。

テンプレートメールの落とし穴とは？

文章力に自信がない人や、複数の相手にメールを送ることが多い人は、テンプレートの文章を使いがちです。

メールに慣れていない、女性にメールを送るときは緊張してしまう、どんな感じでやりとりするのか分からない状況からスタートする……という場合、テンプレートを使うのはアリでしょう。ただ、そのままコピペした結果、文章の前後のつながりが悪くなってしまったり、杓子定規なイメージを与えてしまったりすることもあります。

こういうミスを避けるには、あえてできすぎた文章にせず、ちょっとだけラフに書くのもいいでしょう。ファッション用語になぞらえて、私は**「着崩しメール」**と呼んでいます。

例えば相手に質問をする場合、

テンプレートなら

「私はワインが好きですが、○○さんはワイン好きですか」

着崩しメールは

「僕はワインをよく飲むよ(^^)

○○さんはワイン飲む?」

となります。テンプレメールはぎこちない印象になってしまうので、自分がふだん使っている表現をミックスするのが大切なんです。お手本のテンプレートを、ぜひ自分なりの表現に変換して使ってみてください。

依頼・お願いをする

必ず依頼を受けてもらえる！ “なぜなにドレッシング法”

1. Why：なぜその人にお願いしたいのか
2. What：何をお願いしたいのか
3. How：どのように進めるのか
4. Example：見本や過去の実例を示す

※まずは、相手に「お願いできますか」と許可を取ることが大切。相手が許可するまでは、次のステップへ進まないことを大前提に。

【例】

○○さんに仕事をお任せしたいのですが、
お話を聞いていただけますか？

（相手から「はい」と返事が来たら）

○○さんはこのプロジェクトの案件で
素晴らしい実績が過去にあり、こちらで検討した結果
今回の案件をお任せしたいと考えました。

もしお願いできるようでしたら、
プロジェクトの資料をご確認いただいたうえで、
来週火曜日のオンラインミーティングに
参加していただけると嬉しいです。

解説

相手の警戒心をなくすために、最初はあまり内容を細かく説明しすぎないこと。交渉が成功すれば、具体的な話はいくらでもできます。

メールは人間関係を円滑にするツール

人の悩みのベスト3は、

①健康
②仕事
③お金

ですが、その根本はすべて人間関係から生じています。

人間関係が良ければ、精神的に安定し健康となり
人間関係が良ければ、仕事がうまく運び
人間関係が良ければ、人と人の間でたくさんのお金が生まれます。

そして今の時代、良い人間関係を築くためには、メールでのコミュニケーションが欠かせ

ません。メールの偏差値が高ければ、このような結果が生まれます。

①人から応援してもらえる
②人に行動してもらえる
③相手から好感を持たれる

これらを踏まえたうえで、まず学んでほしいのがメールでのお願いの仕方です。ビジネスでもプライベートでも、メールで何かをお願いする機会はとても多く、人間関係にも大きな影響を与えるからです。

☑ 直接お願いするよりも効果が高い究極の「お願いメールテクニック」

そこで覚えておいてほしいのが、冒頭で紹介しているテクニックです。**この手順をぜひメモして、いつでも使えるようにしてみてください。**毎日少しずつ「お願いメールテクニック」を学ぶことで、必ずお願い上手になれます。コツコツ練習あるのみです！

頼みごとをするときに便利なのが、**「もし～？」**というワード。脳科学的にはリハーサルの法則と言うのですが、「もし～？」を使うと相手が脳内でそれを行っている場面を想像するので、実現しやすくなるんです。

依頼のメールをやりとりして、最後に相手からイエスが来たら、「○○さんのためにまとめた資料をお送りいたしますので、参考にしていただけますと幸いです」と資料を送れば完璧です。

このように、〝なぜなにドレッシング法〟の順番を覚えて、ぜひとも交渉の成功率アップにつなげてください。

必殺テクニック〝おねだりサンドイッチ〟とは？

女性がお願いをするときによく使うテクニックに、〝おねだりサンドイッチ〟というものがあります。**「許可を取る」の間に「お願い」を挟む**から、サンドイッチ。誰にでもお願いを聞いてもらえる魔法のテクニックです。

まず、お願いがあると相手に伝えて、話を聞いてもらえるか、確認を取るところからスタートします。おおまかな流れと実例を見てみましょう。

①許可を取る
②してほしいことを入れる
③最後にまた許可を取る

このテクニックを使うと、男女を問わず、相手が喜んで手伝ってくれますよ。

おねだりサンドイッチを使ったやりとりの例

お願いがあるんだけど
聞いてもらっていい？

いいよ

うれしい、ありがとう。
今パソコンの操作で悩んでいて、
分からない部分がたくさんあるから、
１回教えてほしいんだけど

そうなんだ。大変だよね、パソコン

もしよかったら
教えてもらってもいい？

いいよ

うれしい、ありがとう

依頼を断られたら

今回は難しいとのことですよね。
そのうえでご相談なのですが……。

OK!

NG!

今回は難しいとのことですが、
そこを何とか
お願いできないでしょうか。

お断りのメールが来た場合、いったん相手の意向をすべて受け入れるとうまくいきます。

☑「ですが」「でも」を「そのうえで」「そして」などの言葉に変えるだけでOK！

どうしてもお願いしたい案件を断られてしまったとき、他にあたる先がないと、「ただ～で」や「そこを何とか」と食い下がってしまいがちです。恋愛でも、「でも」「だけど」といった言葉は使いがちですよね。

二度目のアタックで話を聞いてもらえるかは、**メールの書き出し**で決まります。

いちばん良くないのが、**「ですが」「しかし」といった否定形の言葉**。断ってきたからには、相手にも何かしらの事情があるわけです。なのに、こういった言葉を突きつけられると、相手は「こちらの事情なんて考えてくれていないんだ」「依頼さえ通ればいいんだ」と最初に抵抗が生まれてしまい、ネガティブにとらえてしまいます。受けるかどうかを考え直すどころか、下手をすれば、もう二度とあなたやあなたの会社とは仕事をしたくないと思うかもしれません。

そんな事態を回避するための黄金ワードが、「そのうえで～」です。この魔法の言葉は、相手を受け入れているサインとなります。

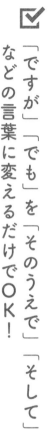

お断りに対して「かしこまりました」「お気持ちはとても分かります」と意向を受け止め、「そのうえでご相談なのですが」と続けば、相手の心に「少しくらいなら話を聞いてみようか」というスペースが生まれます。

再度の依頼を断られるのは、よくあること。断られたり、否定されたりしても、だまされたと思って「そのうえで～」を使ってみてください。驚くほどに相手のリアクションが変わってきます。メールだけでなく対面でも、日常的にどんどん使って練習することをおすすめします。

練習のやり方については、

×「映画を観に行きたいよね。けどドライブも良くない？」

〇「映画を観に行きたいよね。そのうえで相談だけど、ドライブもどうかな？」

など、意識して「そのうえで～」を使う頻度を高めていくと、自然と身についていきます。

依頼を断るなら

申し訳ございません、今回の件は
かなり検討を重ねたのですが、
残念ながらお受けできません。
また他の案件があれば
ぜひお声がけください。

OK!

NG!

申し訳ございません。
その時期はたまたま予定が
詰まっており、厳しいです。

相手がどうしても頼みたい場合、「じゃあ大丈夫な時期はいつでしょうか」と言われると、断る理由がなくなってしまいます。

また誘いたくなる！ 上手にお断りする人は仕事でも恋愛でもモテる

それなりに付き合いの深い取引先から「明日の19時から食事会をするのですが、○○さんも来ませんか？」とお誘いがあったとします。でもその日はプライベートの先約があるから断りたい。

こんなとき、あなたなら先方にどんなメールを送りますか？　後ろめたさや申し訳なさから、ダラダラと言い訳を書いていませんか？

実はこれ、いちばんやってはいけないパターンなんです。「明日は19時ギリギリまで作業がありまして……」と書いた場合、「こちらでも後から合流するメンバーがいるので、遅れても大丈夫ですよ」と返ってきたら、それ以上は言い訳できませんよね。

断る理由を書くことは、自分の逃げ道をふさぐことになってしまいます。また、相手によっては「この前は来てくれたのに。私（俺）のことが嫌いなのかな」など、勝手に悪い想像をふくらませてしまいかねません。

断りのメールを送るときに、意外と皆さんが陥りやすいのが、詳しく丁寧に理由を書いた方が親切だという間違った思い込みです。実は**細かく理由を書かない**のが大原則。なぜなら、自分が断る理由が相手にとっては断られる理由にならない、というズレが発生するからです。自分にとってはその理由が重要なことだったとしても、相手から見れば「そんな理由で断るの？」と思われてしまうこともあるのです。

先ほどのお誘いメールに対しても、「今回はちょっと行けません。次はぜひお願いします」と書くのが正解です。

かなり付き合いが長い相手や、信頼関係を築けている相手に断りを入れる場合は、電話で伝えるのもアリでしょう。

約束を取りつける

ミーティングの日取りですが、
来週の水曜日か木曜日の13時から、
もしくは金曜日の10時からは
いかがでしょうか？

OK!

NG!

ミーティングの日取りですが、
いつだったら
ご都合が良いでしょうか？

日時の指定がないと、何回もお互いの希望を確認し合うことになり、結果的に相手の時間を奪ってしまいます。

返事をしやすい二択にしよう!

自分が決めた場所や日時は、相手があるのでキャンセルしにくいという、人間の習性があります。約束をするときは自分から決めず、**最終的に相手が決定する**ようにしてみましょう。

さらに効果をアップさせるなら、**選択肢を提示して**、相手に選んでもらうといいでしょう。

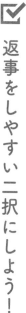

いくつかの選択肢を提示してもいいですが、

「再来週でご都合の良い日をいくつか教えていただけますか」

「どちらの日取りが良いですか」

と2~3ステップで決めてもらうのも手です。

商談後に次の約束を取りつける際にも、「来週もう一度お会いしたいので、スケジュールを教えていただけますか?」とお願いして、希望日をもらったら「どちらの日が良いですか?こちらの予定を調整してみます」と返してみましょう。わざわざ予定を調整するとなれば、よほどのこと。相手の心持ちも変わってくるというものです。

このテクニックは、プライベートで女性と会う約束をするときにも使えます。「イタリアンとすき焼きのお店、どっちがいい？」「この週なら土曜日と月曜日だと、どっちがいい？」と選択肢を提示して、いつ、どこで会うかは女性に決めてもらいましょう。丸投げするのではなく、ある程度選択肢を狭めたうえで、選んでもらうのがコツです。

恋愛も二択でうまくいく

デートの約束をしたり、ちょっとゆっくり夜を過ごしたいときも、最後は女性に選んでもらうといいでしょう。例えば、こんな感じです。

あなた「日曜日か土曜日の夕方からお寿司を食べに行かない？」
相手「日曜日だったら行けるかも」
あなた「じゃあ、日曜日夕方5時から仮で予約押さえるね」

夜がふけてきたら、「もう少しだけ、ゆっくりしたいね。もう1軒おしゃれなバーに行くか、おいしいワインがあるから家飲みでもする？」と選択肢があれば、相手も答えやすいです。

このテクニックで、ぜひいろいろお誘いをかけてみてください。

ちなみに、お泊りする場合も候補の場所を2～3つ用意して、しれっと相手に選んでもらうか、予算を伝えて相手に予約してもらうと、キャンセルされにくくなり成功率が上がります。お泊りのチャンスがあれば、ぜひこのテクニックを使って、すてきな夜を過ごしてくださいね。

お礼のメールを送る

先日は遠方から
わざわざお越しいただき、
本当にありがとうございました。
○○のお話、とても面白かったです。

OK!

NG!

先日はご足労いただきまして
ありがとうございました。

いかにも「社交辞令です」と言わんばかりの文章は心に響きません。その人だけのオリジナルの情報を入れましょう。

☑ さらにあなたを好きになってもらうには？

お礼のメールを送ったとき、相手に「すてきな人だな」と思ってもらえたら嬉しいですよね。ビジネスメールでは月並みなお礼も大事ですが、その人だけのオリジナルの情報を入れると、さらに好感を持たれやすくなります。

「わざわざ仙台からお越しいただき、ありがとうございました」
「予定より3日も早く納品していただき、本当に助かりました」

このように具体的な情報を入れると、感謝の気持ちがより相手に伝わります。相手をほめる場合も同じで、「今回いただいた資料も、グラフ入りで見やすくまとめてありましたね。○○さんにお任せして本当に良かったです」というふうに、どこをほめているのかが分かるように書くことが大切です。

これはビジネスでもプライベートでも使えるテクニックですが、ビジネスメールの場合、他の人と共有していることもあるので注意してください。相手によっては、オリジナルの情報をざっくりと、でもきちんと伝わるように書くのもいいでしょう。

お礼の書き方にはテンプレートがたくさんありますから、単なる社交辞令であれば、それをコピペするのもいいでしょう。でも、「〇〇さんからお礼のメールが来たけど、まあ社交辞令だよね」と思われるのも、ちょっとしゃくですよね。そんなときは相手のお名前を入れたり、付き合いの長い会社やプライベートの用件なら、やわらかい文章で書くのもおすすめです。

お土産をもらった場合は、こんなふうにお礼を伝えてみてはいかがでしょうか。

×「先日はお土産をいただきありがとうございました」

〇「先日いただいた名産地のみかん。とても甘くて、おいしくいただきました。市場では手に入りにくいものをいただき、本当にありがとうございます」

相手のどこが良かったのか、自分に対してどれくらい気をつかってくれたのか、などを分かりやすく伝える一文を入れるとベストでしょう。

謝罪のメールを送る

必ず謝罪を受け入れてもらえる “ごめんねサンドイッチ”の法則

1. 謝罪する
2. 謝罪の理由を述べる
3. どう改善していくかを伝える
4. もう一度謝罪する

【例】

お疲れ様です。××課の○○です。

① 本日は多大なるご迷惑をおかけし、
申し訳ありませんでした。

② 会議までに必要な書類を揃えられず、
さぞお怒りのことと猛省しております。

③ 今後はゆとりを持って書類を作成し、
事前に不備がないかを確認することで、
二度とミスを繰り返さないように
業務に励んでいく所存です。

④ 誠に申し訳ございませんでした。

解説

このテンプレートを利用すると、相手にきちんと謝罪の気持ちが伝わり、改善点も提案できるのでおすすめです。

間にお伺いを立てれば、よりスムーズに進む

お願いをするときだけでなく、謝罪するときにも〝サンドイッチ〟が有効です。**お詫びで始まり、謝罪の理由と改善策を述べて、お詫びで終わる。**これが〝ごめんねサンドイッチ〟です。このテクニックを使いつつ、できるだけ早くメールを送りましょう。

相手を怒らせた理由がいくつか思い当たるものの、はっきりしないというときは、「お気分を害してしまいましたでしょうか？」などと確認を取りましょう。互いの認識にズレがあると、謝罪しようにも話が先に進みません。改善策についても同じで、「このような取り組みで改善していこうと考えておりますが、いかがでしょうか」と考えを示し、**相手の許可を得る**のがベターです。

対面で詫びる場合も基本は一緒。「許可を得る」ステップは特に重要で、相手が怒っている理由を明確にしないと、謝っても糠に釘となってしまいます。そして、二度目のお詫びをしたあとは、さっと引くこと。ズルズルと話を続けると、「さっきの今で謝られても納得できるか！」とヒートアップしてしまう人もいます。

人間の**怒りの感情は、2時間ほどしか続かない**（※1）そうです。そこさえクリアすれば、相手の怒りはある程度収まります。あなた自身が怒りに駆られたときも同じ。食事するなり読書するなりして2時間をつぶし、頭をクールダウンさせましょう。

ちなみに、悲しみは5日間で終わり、喜びは35時間続きます。嫌悪は30分しか続かないので、いったんは相手に嫌われたとしても、30分間メールを待てば、再チャンスがやって来る可能性もありますよ。

※1　2014年、ルーヴェン・カトリック大学のフィリップ・ヴァーダイン教授とサスキア・ラブリセン教授が、学生223人に対して27種類の感情の持続時間を調査。その結果、怒りの持続時間は2時間だと判明した。

出産や産休報告のメールをもらったら

このたびはご子息様のご誕生、
おめでとうございます。
ご子息様の健やかな成長を
お祈り申し上げます。

OK!

NG!

息子さんのご誕生、おめでとうございます！
跡継ぎである男の子で良かったですね。
お名前は何と名づけられたんですか？
落ち着かれたら飲みに行きましょう！

よほど距離の近い間柄でないかぎり、立ち入った話をするのは厳禁！　書き方しだいではセクハラ、パワハラにもなりかねません。

″おめでとうサンドイッチ″でさらっとまとめて

取引先の女性から出産や産休を伝えるメールをもらったとき、どう対応しますか？　ビジネスでのお付き合いしかない間柄なら、まずは上司に報告して、会社でお祝いを送るのが正しい作法です。ときどき一緒にご飯を食べるくらいの間柄なら、メッセージを添えて、個人でお祝いを送るといいでしょう。

お祝いに先がけてメールする場合は、最初に「おめでとうございます」とお祝いの言葉を入れて、次に「お体に気を使ってお過ごしください」「ご子息様の健やかなご成長をお祈りいたします」など、相手やお子さんを気づかう言葉を。最後にもう一度「重ねてお祝い申し上げます」と、「おめでとう」のサンドイッチで締めれば完璧です。

絶対にやってはいけないのは、「いつ生まれるんですか？」「お子さんの名前は？」など、立ち入った質問をすること。下手をするとセクハラ扱いされてしまいますし、メールは物証として残ってしまうので、予想外のトラブルに発展する恐れもあります。

定型文をベースにしてもかまわないので、お祝いと気づかいの言葉をくどくならない程度に書くのがコツ。義理メールだと感じさせないよう、早めに送るのも重要なポイントです。

産休報告に返信するときの文例集

クライアントに送る（丁寧に）

件名　Re：産休のご挨拶

○○株式会社
○○部　○○様

いつも大変お世話になっております。

このたびは誠におめでとうございます。
大変な時期にもかかわらず、
ご丁寧に連絡をいただき恐縮です。

産休中の連絡につきましては、
引き継ぎをいただきました○○様に連絡いたします。

お体にはくれぐれもお気をつけていただき、
母子ともに健やかにお過ごしくださいませ。

とりいそぎ、お祝いを申し上げます。

署名

クライアントに送る（シンプルに）

件名　Re：産休のご挨拶

○○株式会社
○○部　○○様

いつもお世話になっております。

この度は誠におめでとうございます。

引き継ぎの件、かしこまりました。
どうぞお体に気をつけてお過ごしください。
また一緒にお仕事をするのを楽しみにしております。

署名

出産祝いの文例集

クライアントに送る（丁寧に）

件名　ご出産おめでとうございます

○○株式会社
○○部　○○様

このたびはご子息様（ご息女様）のご誕生、
おめでとうございます。

母子ともにご健康とお伺いし、重ねてお喜び申し上げます。

ご子息様（ご息女様）の健やかなる成長を、
心よりお祈り申し上げます。

取り急ぎ、お祝いを申し上げます。

署名

クライアントに送る（シンプルに）

件名　ご出産おめでとうございます

○○株式会社
○○部　○○様

このたびは、ご出産おめでとうございます。
母子ともにご健康とのことで安心いたしました。

お子様の健やかな成長を、心よりお祈りしております。

署名

親しい仕事相手に送る①

件名　ご出産おめでとうございます

○○株式会社
○○部　○○様

ご出産おめでとうございます。

お忙しいと思いますが、くれぐれもご自愛ください。
また一緒にお仕事ができる日を楽しみにしています

署名

親しい仕事相手に送る②

件名　ご出産おめでとうございます！

○○株式会社
○○部　○○様

ご出産おめでとうございます！

母子ともにお元気だと聞いて安心しました。
まずはゆっくり休んで、体をいたわってください。

署名

お祝いの品を送る場合

クライアントにお祝いの品も贈る

件名　ご出産おめでとうございます

○○株式会社
○○部　○○様

ご出産おめでとうございます。

気持ちばかりですが、お祝いの品を送らせていただきました。

お子さんの健やかな成長と、
ご家族の皆様のご多幸をお祈りしております。

署名

産休報告への返信
&
出産祝いメールの注意点

☑クライアントなら相手の会社名・部署名・名前を、親しい仕事相手や同僚なら相手の名前（○○さん）を、本文の前に入れましょう。本文の後には署名を添えて。

☑産休報告のメールをもらった場合、件名は変えずに返信しましょう。

☑流れる、落ちる、消える、終わる、破れる、などの忌み言葉は避けましょう。

☑「出産予定日はいつですか？」「男の子ですか、女の子ですか？」「名前は決まっていますか？」など、立ち入った質問をするのは厳禁。親しい相手でもセクハラになりかねません。

お見舞いのメールを送る

○○さんの１日も早い回復を
心よりお祈り申し上げます。
どうぞご自愛ください。

OK!

NG!

早く良くなりますように。
○○さんなら大丈夫です！

相手が精神的に弱っている場合、「早く良くなって」「大丈夫」といった言葉を悪い方向に受け取ってしまうことも。

☑ 余計なひと言は誤解を招く

取引先や外注の方が病気や事故で入院した、自宅で療養することになった……などの知らせを受けて、お見舞いのメールを送ることになったとき。どんな言葉で気持ちを伝えるべきか、なかなかに悩むところでしょう。

お見舞いメールにも、気づかいのセンスが出ます。病気やケガをしているときは、ふだんとはまったく違う精神状態になっている場合もあるので、あまり具体的に触れないのが賢明です。「早く良くなってくださいね」「○○さんなら大丈夫です」など、一見普通に見えるひと言が、「他人事だと思って！」「早く復帰して仕事しろってこと？」とネガティブ変換される恐れもあるのです。

ですから、「1日も早い回復をお祈り申し上げます」「どうぞご自愛ください」「お大事になさってください」といった分かりやすい言葉を使い、余計なことは書かずに、シンプルにまとめるのが正解。これなら、どう転んでも悪い方には受け取られません。

また、体調を崩しているときはメールを返すのも一苦労です。相手に無用な気づかいをさせないよう、「返信のお気づかいはなさらず」のひと言を添えてもいいでしょう。

お見舞いメールの文例集

クライアントに送る①

件名　お見舞い申し上げます

○○株式会社
○○部　○○様

株式会社○○の○○です。

ご入院されたとの一報をいただき、大変驚いております。
その後のご病状はいかがでしょうか。
日頃からご多忙でいらっしゃったので、
ご無理をなされていたのではないかと心配いたしております。

お取り引きにつきましては、貴社○○部の○○様に
お取り次ぎいただいております。
お仕事の心配はなされず、今は十分にご静養ください。

なお、ご返信はお気遣いのないようお願いいたします。
○○様の回復を心よりお祈り申し上げます。

署名

クライアントに送る②

件名　お見舞い申し上げます

○○株式会社
○○部　○○様

いつも大変お世話になっております。
株式会社○○の○○です。

貴社の○○様より、○○様がお怪我をされて
入院されたと伺い、大変驚いております。
その後、お怪我の具合はいかがでしょうか。

日頃からリーダーシップをとっておられる立場のため、
お仕事のことが気にかかるとは存じますが、
○○様が休まれている間は
我々がしっかり守りますので、
今はゆっくりと静養に専念なさってください。

メールにて恐縮ですが、
取り急ぎお見舞い申し上げます。

署名

お見舞いメールの文例集

やや親しい仕事相手に送る

件名　お加減はいかがでしょうか

○○様

○○株式会社の○○です。

昨日、○○さんが入院されたとお聞きし、大変驚いております。
その後のお加減はいかがでしょうか。
心よりお見舞い申し上げます。

○○さんはふだんから責任感の強い方なので、
お仕事のことが気にかかるとは思いますが、
今はゆっくりと静養なさってください。
近日中にお見舞いに伺わせていただきたいと存じます。

ご返信はお気遣いのないようお願いいたします。
取り急ぎメールにてお見舞い申し上げます。

署名

お見舞いメールの注意点

☑具体的な病名やけがの具合などには極力触れずに。

☑休養の理由がはっきりしていない場合、精神的な病気や長期的な治療が必要な病気などのため、本人や周囲が伏せている可能性もあります。相手がクライアントであれば、あえてメールを送らないという選択肢も。

☑相手の精神状態によっては、「早く良くなって」「大丈夫」といった言葉が重荷になったり、ネガティブなとらえ方をされたりするケースもあります。言葉選びは慎重に！

☑業務についてはあまり触れないのが基本。すでに進行していた案件がある場合などは､引き継ぎを無事に済ませた旨を伝え、相手の不安を取り除くのが良いでしょう。

☑入院中、静養中は、メールを返すのも一苦労。「ご返信はお気づかいなく」とひと言添えると良いでしょう。

☑重なる、長い、繰り返す、四、九、などの忌み言葉は避けて。追伸も病気や怪我が長引くことにつながるので、入れてはいけません。

Column 2

押してもいいの？ ダメなの？ 相手の気持ちが読めないときは

女性の「会いたい」を待つのがベスト

マッチングアプリを利用している男性の悩みのひとつが、相手から好感を持たれているのか、メッセージを読んでも判断がつかないというもの。「会いたいけれど、自分から押していいものか分からない」とモヤモヤしたことのある人もいるでしょう。

最近は、デートをしてもなかなか手をつながない、キスもしない"添い寝男子"がいるくらいで、失敗したくない男性が増えているようです。失敗を防ぐためには、女性から「○○に行きたいですね」「いいな」と言い出すきっかけを作っていきましょう。おいしい料理の写真を送るとか、最近話題の場所について話をしたりと、相手が関心を持っていることをネタにしていると、チャンスがめぐってきます。

そうこうしているうちに女性の気持ちが熟せば、「○○さんと話していると楽しいから、今度会えたらいいですね」「一度飲みに行きたいですね」「それ面白そう」など、相手から〝会いたいサイン〟を出してきます。そうなれば、「じゃあ行こう」と最後のワンプッシュで決まることも。

逆に、しびれを切らして会いたい気持ちを先に出してしまうと、女性がまだあなたに安心・安全を感じていない場合、結論を突きつけられて逃げてしまう可能性が高いのです。

確かめたいなら直接聞くのも手

ただし、女性には2パターンがあって、

① 会うのが好きなタイプ

② 相手を好きになるまで時間をかけてから会うタイプ

がいるので要注意。

どちらに当てはまるのか分からない場合は、「○○さんは友達を作るときに直接やりとりするタイプ？　それとも、気が合うか分からないからメールで様子を見るタイプ？」とメッセージで聞いてみてもいいでしょう。男性を想定した質問ではなく、あくまでも知り合ったばかりの友達候補という感じで聞くのがコツです。

後者だと答える女性は安心を感じたいので、会おうと切り出した場合、「まだ会うのはちょっと」という返事が来る可能性は高いでしょう。そうしたら、お互いに友達を連れてきて、4人くらいのグループで会うのならどうかと提案すればいいんです。人数が5人以上になると、席が分散されてしまうので、そこも気をつけてくださいね。

2人で会うのなら、早めの時間帯で切り上げると決めておいて、相手の警戒心を解くといいと、知り合いの恋愛上手なビジネスマンの方が言っていました。ランチなら心配ないし、15時で解散するのなら、「夜に会うよりもいいか」と女性も乗ってきやすくなります。最初から夜に会うチャンスを狙うより、ランチデートを重ねて、楽しければ「今度は夜もいいね」と話を振ってみてください。

私は緊急事態宣言中、男性に「今がチャンスだよ！」とハッパをかけていました。お店が早く閉まるので、「次の店へ行こう」となっても無理ですし、女性は早く帰れるからお風呂にも入れるし美容パックもできる。つまり、女性は安心して男性と会えるわけです。

いずれにしても、ガツガツしすぎるのはケガの元。焦らずに回数や時間を稼いで、相手が会いたいという気持ちになるまで待ちましょう。

第3章

マッチングアプリで好かれるひと言

第一印象を改善して出会いのチャンスを増やす
マッチングアプリの基本ポイント

マッチングアプリの波にも乗ってみよう

男女が最初に出会う場所のランキングは、

①会社
②友人
③学校
④インターネット

となっています。①〜③はほぼ外でリアルに会う形ですが、**新しい21世紀型恋愛の主流は、圧倒的に④のインターネット**に変わってきています。

ひと昔前はネット恋愛が出会い系とも呼ばれ、危ないイメージが強かったのですが、現在は良質な出会い系アプリもありますから、マッチングアプリを使うこともぜひ選択肢のひとつにしてほしいと思います。

ルールや安全を確保しながら、素敵な出会いができるケースもあるので、上手く使いこなせばチャンスも広がります。

プロフィールはできるだけざっくりと抽象的に書く

マッチングアプリを利用する最大の目的は、「まずは**女性・男性と出会う機会を増やす**」こと。プロフィールを細かく書いてしまうと、女性が「私のタイプじゃないか」と思って、出会いに至らなくなる場合もあります。ですので、**プロフィールはざっくりと抽象的に書く**のがポイントです。

細かく具体的に書いた方が、ぴったり合う人が見つかりやすいのでは？　と思うかもしれませんが、出会う確率は確実に減ってしまいますよね。マッチングアプリは出会ってナンボ。プロフィールの修正は後からいくらでもできるので、まずは裾野を広げておきましょう。

趣味や特技を書くなら、「きれい好きで水回りがスッキリしていると気持ちいいです」くらいにとどめれば、不快な印象を持つ人はまずいませんよね。でも、「ホテルの清掃スタッフよりも完璧にベッドメイキングできます」と書かれていたら、「部屋が散らかっていたら注意されそう……」と身構えてしまう女性もいるでしょう。**細かすぎるアピールは逆効果**になりかねないのです。

クライアントの女性の例ですが、こんなプロフィールも見かけました。

「虫捕り網を持って公園を駆けまわっているような少年みたいな人が好きです」

これではマニアックな感じがして、男性も「?」となってしまいます。「少年のような心を持った人が好みです」に直すだけで、「俺のことかな」と思う人も出てきて、出会いにつながりやすくなります。

男性なら、「筋トレが大好きで毎週4回はジムに行きます」のように具体的すぎると、出会いのチャンスを逃してしまいます。「筋トレをして健康な体を目指しています」など、できるだけざっくりとライトに書いて、実際に相手と会ったときにその話を聞かれたら、相手に応じて少しずつ自己開示をしましょう。

プロフィールのOK＆NG例

OK!

初めまして、〇〇と申します。
都内で広告デザインの仕事をしています。

ふだんはデスクワークが多いので、
休日はドライブに出かけたり、キャンプに行ったりして
アクティブに過ごすのが好きです。

▶一緒にできる趣味は、映像が浮かびやすく好感を持たれやすいです。

最近和食にハマっていて、美味しいお店を発掘中です♪
自分でもちょっとしたおつまみを作れるようになりたくて、
料理動画やSNSを見ながら挑戦しています！

▶「私にこんなことまでしてくれるの？」と想像させるので、さらにポイントがアップ！

NG!

都内某所でデザイナーをやっています。

YouTubeが好きで、〇〇チャンネルは毎日チェックしています。
休日はゆっくり読書をしながら、80年代の洋楽を1人で
聴くのがルーティーンです。

▶趣味がマニアックすぎます。加えて、1人でする趣味は避けた方が無難。

外見にはあまり自信がありませんが、
男気は人一倍で、俳優の〇〇に似てると言われています。

▶1人でツッコミやボケを入れてしまうと、見ている方が苦しくなってしまいます。

比較的優しい性格だと思いますので、誰にでも好感が持たれると自負しています！
真剣に、彼女として遊びでないお付き合いできる方、お待ちしています。

▶詳しく書いているので一見良いプロフィールに思えますが、実はかなり狭い範囲の人しか該当しない内容になっています。

メイン写真の正解ファッションは？

メイン写真の内容は、**「どんな女性と出会いたいか」**によって変わってきます。セレブな女性なのか、年下の女性なのか、落ち着いた感じの女性なのか。お手本にしたいのは、出会いたいタイプの女性が読んでいる雑誌。そこに載っている男性モデルのファッションを参考に、服を選ぶといいでしょう。

ファッションセンスに自信のない人や、とにかく出会いのチャンスを増やしたいという人は、自分のセンスで決めてはいけません。ファッション誌に載っているモデルの丸パクリでかまわないので、**さわやか系の服**を選びましょう。たいていの女性は好感を抱いてくれるはずです。

自分の年齢に近い俳優で、「女性が好きな俳優ベスト10」に入るような人のファッションやヘアスタイルを参考にするのもおすすめです。

白いシャツで表情をより明るく見せる

表情は明るく、笑顔で撮るか、口角を上げて微笑む感じがいいでしょう。せっかく表情が明るくても、周囲が暗いと台無しになってしまうので、光の当たり方もチェックして。白いシャツも、顔映りが良くなるので◯。撮影に使われるレフ板のように、顔をパッと明るく見せてくれます。

構図については、正面から写すとアラが目立つことが多いので、少し横向きがベター。できればＺｏｏｍなどで自分だけを録画して、左右どちらを向いた方が格好良く見えるかを確認するといいでしょう。10分もあればできるので、ぜひ！

体型に自信がない場合、体をちょっとひねって、腕と上半身の間にすき間を作るといいでしょう。少し空間を作るだけで、ほっそりした印象になりますよ。

サブ写真は共感を得られるような内容に

サブ写真で個性を出そうとする人もいますが、個性をアピールするのは出会ってからでいいんです。大切なのは、**女性の共感を得る**こと。ドライブや旅行もいいし、グルメやキャンプのように一緒に楽しめる趣味も好まれます。

逆に、自分だけで完結する趣味は避けた方が無難です。例えばカブトムシが好きだからといって、幼虫の飼育ケースの写真を見せられても困りますよね。女性が「これなら一緒に楽しめそう」と思ってくれるか、写真をアップする前に考えてみましょう。

すてきな友達と一緒にいるところや、雰囲気のいいカフェで仕事をしているシーンなども、好感度が1段階上がります。

気になる相手にメッセージを送る

初めまして。○○さんは
和食を作るのが得意なんですね、
すてきだと思います。
よろしくお願いします！

OK!

NG!

初めまして。目がとても
きれいですてきだなと思いました。
よろしくお願いします！

相手の具体的な情報を入れつつ、ほめるのがコツ。ただし、顔立ちや肌などをほめると、下心が感じられてしまうので要注意。

「あいまい」ではなく「具体的」にほめる

気になる女性に、初めて送るメッセージ。あなたなら、どんなことを書きますか？　短いメッセージでも、「相手をどうほめるか」「どこをほめるか」であなたの印象はガラリと変わります。

女性は誰にでも当てはまりそうな言葉を嫌います。例えば「○○さんは可愛いですね」「優しいですね」と書いても、「どうせ、みんなに同じことを言ってるんでしょ？」と疑われてしまいます。好印象を与えたいなら、**相手の具体的な情報＋一般的なほめ言葉**が正解。「○○さんは和食を作るのが得意なんですね。そんなふうに見えないです。すてきだと思います」のように書けば、女性も悪い気にはなりません。

ただし、**体型や肌に触れるのは、性的なニュアンスが出てしまう**のでNG。ネックレスやリップなど、バストや唇に近いものをほめるのも、「下心があるんじゃないの？」と勘繰られてしまうので避けましょう。こういう部分をほめるなら、ある程度コミュニケーションを深めて、手をつなぐ、キスをする……くらいの仲になってから。同じ外見的な要素でも、ヘアスタイルや爪、ファッションをほめるのはOKです。

序盤のやりとりのコツ

今日のランチ、
すごくおいしかったよ。

OK!

NG!

今日のランチ、
すごくおいしかったよ。
○○ちゃんは何を食べたの？

返答を求めるような書き方は、相手に警戒心が生まれてしまうので、安心・安全を最優先にしている女性にはNG。

会話のラリーを求める必要はナシ！

気になる女性とのやりとりが始まると、ついつい会話のラリーを求めて「今日こういうことがあったんだけど、どう思う？」など、質問攻めにしてしまいがちです。でも、女性は時間を奪われるのが大嫌いなうえに、会っていない段階だと警戒心を与えてしまうことも。

最初のやりとりから3回目あたりまでは、ツイッターに投稿するように、ひと言つぶやくだけでいいんです。「今日こういうことがあったんだ」「表参道のイルミネーションがきれいだったよ」というふうに、3行以内で短くまとめるのがポイント。イルミネーションなどを相手にも見てほしいなら、メッセージに写真を添えてもいいでしょう。

「どう思う？」のようなメッセージを送った場合、返事がないと気になってしまいますが、それは返事をもらう前提で書いているから。発想を転換して、「返事がなくてもかまわない」と考えてみましょう。

質問合戦を回避するには

この間、バーで飲んだ
白ワインがすごくおいしくて。
〇〇さんは白ワイン、飲みますか？

OK!

NG!

ワインは好きですか？

質問だけを投げかけていると、相手は自分ばかり答えて損した気にもなりますし、疲れてしまいます。

☑ 自分の話をしてから、相手に尋ねるのがルール

相手の趣味や好みを知りたくて、質問を重ねてしまうのは〝マッチングアプリあるある〟。どんなことを書いていいのか分からず、つい質問ばかりになってしまうパターンも多いです。

でも、「ワインは好きですか？」「白ですか、赤ですか？」「どんな銘柄が好きですか？」と延々と質問が続くと、相手は尋問されているような気分になってしまいますよね。さらに相手からも質問が飛んできて、質問合戦になった挙げ句、お互いに疲れてやりとりも自然消滅……という最悪の展開になることも。

こんな事態を避けるには、**質問の前に必ず自分の話をすること**です。「昨日バーで飲んだ白ワインがすごく美味しかったんです。Aさんは白ワイン、お好きですか？」と聞いてみて、相手が「飲まないですね」と返してくれれば「なるほど」で終えて話題変更。「大好きです！」など良い反応が返ってきたら、話を膨らませればいいんです。

「おすすめの本は？」「おいしい店を教えて」などのおおざっぱな質問も相手を困らせてしまうので、「ビジネス経営のおすすめの本は？」「和食でおいしい店を教えて」など、**具体的に質問**しましょう。

ネタに困ったら

芸人のニュース見た？
タレントのＣと結婚したんだね！

OK！

NG！

今日、何してた？

女性と話すのが苦手な人は、文字だけのやりとりでもネタに困って質問に逃げがち。日々のニュースでネタを仕入れましょう。

雑談から恋やチャンスが生まれる

男性が質問攻めになりがちな理由のひとつが、**慢性的な〝ネタ不足〟**です。マッチングアプリに限らず、婚活やデートでも同じ。話すネタがないからと、相手に質問ばかりしたり、無言の時間が長くなってしまったり。これでは相手も気持ちが冷めてしまいます。

私がおすすめするネタ不足の解消法は、**ニュースサイトやニュースアプリをチェックする**こと。ニュースはたいていの人が気になっていますし、昔話をされるよりも、よほど話が弾みやすいんです。何も全部のニュースを見る必要はありません。**トップニュースの上から5番目〜10番目くらいまでをチェック**すればOK。毎日内容が変わるし、ニュースを見ることで勉強にもなり、仕事にもプラスに働くことでしょう。

女性の多くは知りたがりなので、知らない話題やトレンドに関する話題なら、特に興味を持ってくれるはずです。「こんなニュースがあったね」に自分の主観も加えれば、いくらでも話は広がります。雑談をする場合は、**相手が振ってきた話題から話を広げる**のもアリです。「最近ゴルフを習い出したんだ」なら「ゴルフでいちばん格好いいウェアってね……」など、相手が知りたい情報を返していきましょう。

LINE交換をお願いするなら

もし良かったらだけど、
写真を送りたいから
LINEを教えて
もらってもいいかな？

OK!

NG!

メッセージだと面倒だから
LINE教えてよ。

ソフトにお願いするなら、「写真を送りたいから」という古典的な方法もアリ。断られたらスッとひくことも大切です。

相手が望む方法でやりとりするのが大原則

相手との距離が縮まってくると、「そろそろＬＩＮＥ交換したいな」と思うようになるかもしれません。ですが、やりとりは相手が決めた方法で行うのが基本。相手がそれを望むのなら、メッセンジャーでもフェイスブックでも、ツールは何でもいいんです。間違っても「メッセンジャーよりＬＩＮＥの方が便利じゃん」なんて言ってはダメ。その瞬間に、相手があなたのことを嫌いになる可能性だってあるのです。

「もし良かったら」は黄金フレーズ！

それを踏まえてＬＩＮＥ交換を持ちかけるなら、「写真を送りたいから」とソフトにお願いしてみるのもいいでしょう。このとき、ぜひ使ってほしいのが「**もし良かったら**」というフレーズです。

△「写真を送りたいからLINEを教えてもらってもいいかな?」
◎「**もし良かったら**だけど、写真を送りたいからLINEを教えてもらってもいいかな?」

△の例も悪くはありませんが、「もし良かったら」が入るだけで印象が大きく変わるのがお分かりいただけると思います。このフレーズは、**許可をうながす大事なセンテンス**になります。相手の性別を問わずに使えるので、ぜひ覚えておいてください。

また、コミュニティ機能(同じ趣味や価値観を持つ人が集まるグループ)があるアプリを使っているなら、気になる女性に他の男性がLINE交換を持ちかけたときに、「僕もお願いできますか?」と便乗するのも手。共通の話題で盛り上がったとき、情報交換のためにLINEを教え合う……という流れにも期待できます。

LINEを交換してもらったら、できれば「なんで交換してくれたの?」と聞いてみましょう。「グルメに詳しそうだったから」「頼りになるから」などの理由を聞き出し、それに沿ったやりとりを続けていれば、相手が「会いたい」と思うようになるのは時間の問題です。少しだけ勇気を出して、ワンプッシュしてみてください。

既読スルーが続いたら

（写真を添えて）
ちょっとおしゃれな
お寿司屋さんに行きました。
ウニがめちゃくちゃ最高！

OK！

NG！

最近連絡が取れないけど、
何かあった？

「メッセージが欲しい」「心配してる」といった内容は、相手にとってプレッシャーになってしまう可能性も……。

ちょっとしたメッセージを写真付きで送る

それまでは間が空いても2日くらいだったのに、10日待っても相手からメッセージが来ない……。そんなとき、どうすればいいのか悩みますよね。

放置すれば自然消滅しかねないので、こちらからアクションを起こすのもいいでしょう。ただし、「最近メッセージくれないね」「どうしたの?」など、**不安を匂わせるような書き方**をすると、相手にプレッシャーや恐怖を与えかねません。たとえ「そろそろメッセージを送ろうかな」と思っていたとしても、あなたのひと言で気持ちが萎えてしまう可能性も。

意外に思うかもしれませんが、ここは**前回のやりとりとまったく関係のないメッセージを送る**のが大正解。「桜を見てきました」でも「おしゃれなお寿司屋さんに行ったよ」でもかまいません。文字だけだと暗に返事を求めているとも取られかねないので、写真を添付するなり、動画のURLを添えるなりするといいでしょう。

NG例は「この前メッセージしたけど届いてる?」や「返事が欲しいなあ」など。相手は「この人にはちゃんと返事しないといけないのか、面倒くさいな~」と思って、状況がさらに悪化してしまいます。

相手の機嫌を損ねてしまったら

ちょっと言いすぎちゃった。
許してね。

OK!

NG!

機嫌悪い？　どうしたの？

相手が不機嫌だと感じたら、返信する前にそれまでのやりとりをチェック。心当たりがあれば素直に謝りましょう。

心当たりがなければ放置するのもアリ

相手のメッセージを読んで「もしかして機嫌が悪いのかな」と感じたら、**いちばん良いのは電話すること**。気持ちを察してほしいけど、メッセージでは書きたくなくて、怒ったような書き方をする……というケースが、女性にはままあります。ですから、メッセージよりも電話して「どうした？」「声が聴きたくなって」と言った方が、話は早いんです。

まだメッセージを送り合うだけの関係なら、**2、3回前のメッセージを見返して**みましょう。「会いたい」と伝えていたり、下ネタを送っていたり、面倒な相談をしていたりしていませんか？　その後の相手の反応がおかしければ、それが原因で怒らせてしまったと考えて間違いないでしょう。

心当たりがあった場合、「ちょっと言いすぎちゃった、許してね」とフォローを。まったく心当たりがない場合、相手が忙しい、他の男性と付き合い始めた、といった理由も考えられます。下手に探りを入れず、「何かあったの？」とひと言送って、とりあえず放っておくのがベターでしょう。

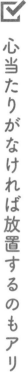

電話で話をしたいなら

仕事絡みでちょっと聞きたいことがあるんだけど、
メッセージだと何だから5分くらい
○○ちゃんから電話もらってもいい？
電話番号 000-0000-0000

OK！

NG！

直接話したいから
電話番号を教えてもらってもいい？

こちらの電話番号を伝えて、電話する時間も書けば、より安心してもらえます。アクションを書けば成功率はさらにアップ。

☑ 電話番号を伝え、相手からかけてもらう

どんなにやりとりを重ねていたとしても、唐突に電話番号を聞かれたり、「電話かけていい？」と言われたりすると、女性は身構えてしまいます。仕事や趣味にかこつけて、「○○ちゃん、保険の外交員だったよね。少し聞きたいことがあるんだけど、メッセージだと何だから電話で話してもいいかな」と、**さりげなく電話できるシチュエーションを作る**のも方法です。

その際は、**あなたから電話番号を伝えて**「ちょっとかけてもらったら、すぐに僕から折り返すよ」とメッセージを送りましょう。先に電話番号を教えてもらうことで相手は安心しますし、自分のタイミングで電話をかけることができるからです。また、いったん相手から電話をもらうことで、イニシアチブを取りやすくなるというメリットも。

さらに「2、3分くらいで大丈夫だから」と、**電話する時間も伝えて**おけば万全。10分くらいだと「長いな」と思われてしまうので、長くても5分までが良いでしょう。相手のハードルはできるだけ下げておくのがポイントです。

もう少し話したい場合は、「5分過ぎちゃったけど、もう少し大丈夫？　それか、かけ直そうか？」と聞いてみて。たいがいは「OK」が出ますし、あなたの気づかいも伝わります。

「会いたいな」と思ったら

今度新しい会社に入ったから
上着を買いたいんだけど、
俺あんまりセンスなくって。
一緒にちょっとだけ、選んでくれたら
嬉しいな。ダメかな？

OK！

NG！

今度の日曜に会えないかな？

「会いたい」という言葉は、女性にとって想像以上に重いもの。
会うことを前提にした“行動”で伝えればカドが立ちません。

会いたい気持ちを〝行動〟というオブラートに包む

女性はなかなか面倒な生き物で、会ってもいいと思っていても、「でも軽い女だと思われたくないし……」と自分からは切り出さなかったり、友達に「会ってもいいと思う？」と相談したりするのはよくある話。そのかわり、1週間に1回だったメッセージが3日に1回になる、あなたへ質問する頻度が高くなる、返信が早くなる、といったサインを出してきます。

こうなれば、あとひと押し。「この映画、気になるよね」と送って、相手が「私も観に行きたいな」とポロッと本音を漏らしたらしめたものです。自然な流れで「じゃあ行く？」と誘えば、まず失敗することはありません。

と言っても、これはあくまで理想的な例。自然な流れで「会おうよ」と切り出すのが難しければ、会いたい気持ちをちょっとだけオブラートに包んで伝えるといいでしょう。具体的には、「新しいネクタイが欲しいんだけど、一緒に選んでくれない？」「すごく気になる映画があるんだけど、観に行かない？」など。「会いたい」という言葉は重くなってしまいますが、行動に紐づけて会いたい意志を伝えれば、一気にハードルが下がります。

Column 3

心当たりはありませんか？ 嫌われる男の〝あるある〟行動

女性を質問攻めにするクエスチョン男子は逮捕!!

「○○ちゃんはどのお酒が好き？」

「休日は何してるの？」

「最近、ハマってることはある？」


SNS、リモート、対面を問わず、女性にやたらと質問を投げかける男性は意外に多いです。でも、女性からすれば尋問されているような気分になりますし、自分ばかりが話すことになるので苦痛でしかありません。特にプライベートな質問が多い男性は、「この人、ちょっと怖いな」と女性に警戒心を抱かせてしまいます。

質問ばかりするのは極力控えて、質問するにしても「僕は休日にネットで映画をよく観てるんだけど、○○ちゃんは何をしてるの？」と先に自分の情報を入れるのがルール。これなら話が広がりやすくなり、既読スルーされることはなくなるでしょう。

急な予定を提案してくる

女性は準備に時間がかかるもの。ファッション、ヘアスタイル、ボディケア、まつ毛エクステ、ネイル、メイクなど、誰かに会うとなるとやることがいろいろと出てきます。会う相手によっては、その日に向けてのダイエットや、体調、気分まで考えますから、下手をすると2週間くらいは猶予がほしい場合もあるんです。

なのに、男性から「明日会える？」「今からご飯食べにいかない？」なんて言われたら、女性は「そんな急に!?」とパニックになってしまいます。断るにしても断るストレスが先に立ってしまうので、急な予定を提案してくる男性はとても苦手。

何回か会って仲を深めているならともかく、そうでなければ、せめて3〜4日後の予定を提案しましょう。

逆に恋愛のチャンスが欲しい女性は、いつ誘われても大丈夫なようにふだんからきれいにするよう心がけるといいでしょう。流れ弾のような不意のチャンスがやって来るかもしれません。

すべてにおいて「決めつける」コメンテーター男子

「○○さんはおとなしいタイプだよね」
「やっぱり唐揚げにはレモンだよね」

「結婚したら女性は仕事よりも家庭を大事にするものだよね」

あなたは気づかないうちに、「○○はこうだよね」と口にしていませんか？

勝手に決めつけてくる男性、勝手に前提を作り上げる男性は、女性からすると「面倒くさい人」でしかありません。自分がそうあってほしいタイプを押しつけてくる男性もそう。こういう男性とは付き合いづらいと感じ、距離を置かれてしまいます。

「俺ならそんなことは言わない」と思うかもしれませんが、無自覚で決めつけの言葉を口にしている男性は、案外多いんです。本当に思い当たるふしがないか、今一度自分の行動を思い返して、なるべく相手の意見に耳を傾けてみてください。

女性は共感してもらいたいもの。決して意見してもらいたいとは思っていないのです。

文章がくどい・長い男は嫌われる
メールは削れ！

「くどい」「長い」も嫌われる男性の特徴。話が長いのはもちろん、ＳＮＳやメールで長々と文章を書いてこられると、女性はうんざりしてしまいます。

メールが長い人は、１００％モテません。

なぜなら、思っていることを長く書きつづることで、いつの間にか要点がブレたりぼやけたりするからです。

できるだけメールは3行以内で、シンプルに。

男性からすれば、こだわりや熱意を伝えたくて長文になるのかもしれませんが、読む側にしてみれば、パッと見ただけで読む気がなくなりますし、どこが要点なのかもつかみづらくなってしまいます。

文章が短いほど、恋愛達成率は上がります。SNSやメールの文章は2、3行くらいが良いでしょう。ビジネスでも長文よりは短めが◎。長い文章＝丁寧という思い込みはNGです。
メールも自己紹介も、すべて究極にシンプルで分かりやすく、がベスト。

メールは削る！

今の主流はこれに尽きます。

相手にペースを合わせない

女性と食事をするとき、いつも自分の方が早く食べ終わる。
女性と歩いているとき、気づくと隣にいたはずの女性が後ろにいた。

どちらかだけでも当てはまる人は要注意です。

自分とペースが合わない、もしくは合わせてくれない男性は、女性が嫌うタイプの代表格。「速く歩け」「早く食べろ」とせかされているような気分になり、デートの楽しさも半減してしまいます。

まだ付き合いが浅い関係でも、女性は「この人と結婚したら、毎回食事のときにこんな思いをさせられるのか」と想像します。なかには「食事のときだけならしかたない」と割り切れる女性もいますが、そうでない場合、関係を長続きさせるのは難しいでしょう。

しかも、たいていの男性は無自覚ですから、女性に指摘されるとムッとしてしまいがち。男性がクセを直したいと言い出さないかぎり、なかなか口には出せません。

ここまで読んで「俺、ヤバいかも」と思ったなら、ぜひとも直す努力を！

第4章

オンライン ミーティングで 好かれるひと言

印象アップのカギは「3つの明るさ」

オンラインミーティングの基本ポイント

30人に1人の「好かれる人」になるために

NTTの調査によれば、企業の5割以上がオンラインで営業活動やミーティングを行っているそうです。

印象が良い・悪いは、ついこの間まではリアルな対面で判断されていましたが、今はパソコンやスマホから。第一印象も、どこをポイントにするかも、すっかり様変わりしています。

そして、**ちょっとの工夫をするだけで、オンラインでの印象は良くなります。**

リアルな対面が難しい時代ですが、自分の第一印象を良くしたり、好かれる人になるための、とても大切な時間になると思います。

私は職業柄、大人数でのオンラインミーティングやセミナーに立ち会う機会が多いのですが、男性の参加者で「もう一度話してみたい」と思える方は、30人に1人くらい。その1人になれるかどうかは、「3つの明るさ」にかかっています。

ライトを上手に使って周囲を明るく

ひとつめは、画面全体の明るさです。自分と他の参加者を見比べてみて、なんとなく画面が暗いと感じたら、誰が見ても暗いということ。自分の周囲に光が入っているか、逆光になっていないかなど、ライトの位置や向きをきちんと確認しましょう。**周囲が暗いと、あなた自身の印象も暗くなってしまいます。**

部屋を映したくないからと背景を合成する人もいますが、あまり良い印象を与えないのでおすすめはできません。どうしても背景を使いたければ、ビジネス向けの無難な背景を選ぶべきでしょう。**背景で個性を出そうとしても、悪目立ちするだけ**で良いことはありません。

ライトをチェックしたら、**自分が実際に映っている映像を、他のスマホやパソコンで確認**するといいでしょう。いざミーティングを始めたときに、画面が暗くてあわてる心配がなくなります。

シックな色の服ばかり選んでいませんか？

ふたつめは服装です。

日本人は特に、派手な色を好まず、黒やベージュ、グレーなどの無難な色を選びがちです。役員を交えた会議や、重いテーマを扱うときなどはモノトーンでも良いのですが、基本的には**明度の高い色を選んだ方が好印象**になりますし、自分をアピールできます。

ギャップ感も大切で、おとなしい性格の人がパステルピンクのシャツを着たり、鮮やかな色を着たりするのもアリです。

注意すべきは柄もので、見る人の好き嫌いが印象を左右してしまいます。ですから、明るい色を着る場合、デザインは逆にシンプルなものが良いと思います。

季節を先取りして、初夏ならブルーなどもいいですね。

私はよく、ブランドイメージを表現したり、講師として見ていただくために、赤のジャケットに白いシャツを身につけています。ぜひ、色も味方につけてみてください。

口角を上げて、姿勢を正す

3つめは表情の明るさ。

意外と皆さん、他の人は「どんな表情をしているのかな」というのを見ています。私は100人規模のZoomミーティングで、全員の顔が画面に映っているのを見ましたが、誰1人笑顔で姿勢がいい人がいなかったのです。

ぜひ、オンラインミーティング中も自分の表情をチェックしてみてください。口角は上がっていますか？　猫背になっていませんか？

口角をいつもより3ミリ上げることと、お腹をたるませないように姿勢を正すことを意識してみましょう。ビジネスボイストレーナーの秋竹朋子さんいわく、いつもより口角を上げると、自然と声の音程が上がるそうですよ。

正しい姿勢を意識するだけで、驚くほど印象が良くなり、表情がパッと明るく見えます。必要であれば、グッズを使ってパソコンの位置も調整してください。

目線を利用して自分をアピール

心理学的には、未来を語るときには目線は右へ、過去を振り返るときには目線は左へ行くと言われています。試しに明日は何をする予定か、考えてみてください。自然と目線が右へ行きませんでしたか？

この法則を踏まえて、オンラインミーティングでは画面の真ん中ではなく、**他の参加者から見て少し右寄りに映るようにする**のも手です。これからの話をするとき、たいていの人は目線が右へ行きますから、右寄りにいた方が話を聞いてもらいやすいんです。発言の機会が多い場や、自分をアピールしたい場などで、ぜひ実践してみてください。

丹田に力を入れ、やや声を張って話す

声が聴こえにくい、滑舌が悪い、マスク越しで声が聴きづらいなど、声で損をしている方も意外に多いです。

ある有名なユーチューバーの方は、撮影時に何をいちばん気をつけているかというと、実は映像よりも音声なのだとはっきりおっしゃっていました。

うつむいてボソボソ話す人は、発言がスルーされてしまいがちです。下を向いていると声も通りません。

オンラインだからこそ背筋を伸ばし、**丹田（おへその4〜5センチ下にある、気が集まるとされる場所）に力を入れて、声はやや大きめに出す**ことを意識して。

これだけで説得力がアップします。

最初のあいさつ

皆さん、今日はよろしく
お願いします。

OK!

NG!

お疲れ様です。

スタートから「疲れる」という言葉を使うのは厳禁。「よろしくお願いします」で明るくスタートを切りましょう。

☑ ソの音階で明るくあいさつを！

なんとなく使ってしまいがちな「お疲れ様です」「ご苦労様です」。締めくくりのあいさつならともかく、最初に口にするのはいけません。脳は言葉のとおりに、否定形も現実として受け取るという作りをしているので、「疲れた」は会議のスタートの言葉としてはNGです。

ぜひ、**「よろしくお願いします」をソの音階で明るく**口にして、スタートしてみましょう。何事も最初が肝心。きっとあなたの印象が良くなります。

自分が進行役を務める場合は、あいさつを終えたあとに、お互いの声が聴こえているかをチェック。「聴こえていれば、手を振ってください」「手で○を作ってください」など、ジェスチャーで応答してもらうといいでしょう。**同じ動作をすることで一体感が出て、チームとして機能しやすくなる**ので、同じ行動をとるというのは大切なのです。

ちなみに、恋愛関係ではラ音も効果的。ささやくときにラ音で話すと、相手が心を開きやすくなりますよ。

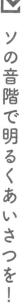

入室が遅れてしまったときは

遅れて入りましたが、○○です。
よろしくお願いします。

OK!

NG!

遅れてしまってすみません！
今のお話なんですけど……。

謝罪したり話に割り込んだりすると、参加者の意識がこちらに向いてしまうことも。あいさつは手短にすませましょう。

☑ 音声とビデオを切った状態でスッと入室する

ミーティング開始時間に間に合わないと、ついあわてて入室してしまいがちですが、誰かが話している間にいきなり参加するのはルール違反。**音声をミュートにし、ビデオをオフに**して静止画の状態にしてから、入室しましょう。

話の切れ目になったら、音声とビデオをオンにして、「遅れて入りましたが、○○です。よろしくお願いします」と**手短にあいさつ**を。最初からビデオをオンにしてしまうと、いきなり画面に現れたあなたを見て、初対面の相手がいた場合は「誰だ、あいつは」と困惑してしまいます。遅れたことを詫びるのも、他の参加者がどう反応していいか悩んでしまうので、避けた方がいいでしょう。

大切なのは、会話を遮らずにさりげなく参加すること。途中から入って「今の話なんですけど……」としゃべりすぎてしまうと、参加者の意識があなたの方へ行ってしまい、話の流れを乱してしまいます。

参加者の声が聴き取りづらいときは

こちらの調子が悪いのかもしれませんが、
○○さんのご意見を
しっかりと伺いたいので、
パソコンの音量を大きめに
していただけると嬉しいです。

OK!

NG!

○○さん、もう少し
声を大きくしていただけますか?

相手の声が小さいせいだと匂わせるのではなく、あくまでも機材の具合だと伝えると、印象が良くなります。

「あなたの話を聞きたい」とポジティブに伝える

参加者の声が小さかったり、マイクの調子が悪かったりして、声が聴き取りづらい。しかも、その相手がクライアントや上司だと、なかなか指摘しづらいものです。「もうちょっと声を大きくしていただけますか」とストレートに伝えたら、相手が見るからに不機嫌になってしまった……という経験をお持ちの人もいるでしょう。

こんなときは、「**こちらの機器の調子が悪い**のかもしれませんが」と前置きし、「○○さんの貴重なご意見をしっかりとうかがいたいので」と前向きな言葉を挟んだうえで、「もう少し**パソコンの音量を大きく**していただけると嬉しいです」とお願いするのが正解。相手もすんなりと受け入れてくれるはずです。相手が美声の持ち主なら「良いお声をもっと聴きたいので」、あまり会う機会のない人なら「貴重な機会をいただきましたので」など、状況に応じてアドリブをきかせてもいいでしょう。

相手がお願いに応じてくれたら、「ありがとうございます」と**感謝を伝える**のも忘れずに。

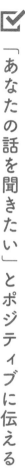

大事な話を聞き逃してしまったときは

こちらの電波の調子が悪くて、
少し話が飛んでいるので、
○○という部分から手短に
お話していただけると助かります。

OK！

NG！

今のお話が
少々聞き取りづらかったので、
もう一度お願いできますでしょうか。

「聞き取りづらくて」など、相手に原因があるような言い方は避けて。こちらに原因があるという前提で話すことが大切です。

「こちらのせいで」の前置きを忘れずに

相手の話を聞き逃してしまったとき、なんとなく遠慮してしまい、聞いているふりをしたことがある人もいるでしょう。ですが、聞き逃したことが後々大きなミスにつながる可能性もあります。ここは遠慮せず、聞き直すのが正解です。

聞き直すときのポイントは、あくまで**自分の側に原因があると前置き**すること。「○○さん、とても大切なお話をされていると思うんですけど、こちらの電波の調子が悪くて○○のあたりから少し話が飛んでしまって。手短にお話していただけると助かります」というふうにお願いすれば、カドが立ちません。**「手短に」と伝える**のも大事で、この言葉を入れないと、相手はまた長々と同じ話をすることになってしまいます。どこから聞き取れなかったのかが分かるように、「○○という部分から」と付け加えると、なお良いです。

「ちょっとさっきのお話が聞き取りづらくて」といった言い方は、相手に非があるようにとられてしまうので、絶対に避けましょう。

発言するときは

○○さん、ちょっと
○○の件について
お話したいのですが
よろしいですか？

OK！

NG！

僕はこう思うんですけど……。

いきなり話し出すのはルール違反。他の人の発言にかぶった場合、その人の発言を軽んじたようにもとらえられかねません。

いきなり話し出さず、先に許可を取る

場がシーンとなったので発言しようとしたら、他の人とかぶってしまった。他の人が話し終えたタイミングで発言したら、実はまだ話が続いていて、気まずい空気になってしまった。こういう失敗も〝オンラインあるある〟のひとつです。

私が運営しているオンラインスクールにも、ちょくちょく人の話にかぶせるように話し出す生徒さんがいて、よく怒られていました。話を遮られた人からすれば、自分の意見を無視されたようで、面白くはないですよね。

こうした事態を防ぐには、誰かが話したあと、**一拍おいてから発言する**こと。そして、いきなり話し出すのではなく、**「ちょっといいですか？」と許可を取る**のがポイントです。進行役がいる場合は、「〇〇さん、ちょっとよろしいですか？」と声をかけてから話し出す。

このワンステップを踏むだけで、あなたの好感度も上がります。用件やポイントも入れると、さらにOKされやすくなりますよ。

不意に雑談が始まったときは

○○さんのお話は
とても興味があるので
まだまだ聞きたいところなのですが、
お時間もあるので本題に移らせて
いただいてもよろしいでしょうか。

OK!

NG!

話を戻してもよろしいでしょうか。

雑談を始めた人をおとしめないように、「お話はとても楽しいのですが」とワンクッションを挟んだうえで、会話の軌道修正を。

相手を立てながら、やんわりと軌道修正する

参加者の中におしゃべり好きな人がいると、話が本題からそれて、いきなり雑談が始まってしまうことも。それがクライアントや初対面の相手だった場合、軌道修正したくてもなかなか切り出しにくいところですよね。

でもここは、「○○さんのお話はとても楽しいので、まだまだ聞きたいのですが、お時間もあるので本題に移らせていただいてよろしいでしょうか」とやんわりと切り出せば問題ありません。頭ごなしに「話を戻してもいいでしょうか」と切り出してしまうとムッとされてしまうので、まずは**相手を立てる**ことが大切です。遠慮しすぎて雑談に付き合ってしまうと、貴重な時間を削られてしまうだけ。伝え方さえ注意すればいいだけの話です。

ただし、「今度、食事でもしながらゆっくり話を聞かせてください」のひと言は、社交辞令なら避けた方が賢明です。社交辞令が通じない相手だと、鵜呑みにして何度も誘ってくる可能性が高いです。逆に、あなたが興味を抱いている相手なら、その場で「来週の水曜日なら空いているので、一緒にお食事でもいかがですか」とアポイントを取りましょう。

☑ “プロの雑談”ができると人生が開ける

雑談には、**ダメな雑談とプロの雑談**の2種類があります。

「どうでもいいことを面白おかしく伝える」「当たりさわりのない話をしてその場をしのぐ」は、ダメな雑談。テーマとはズレた雑談ばかりして、周囲がしらけているようなパターンも、こちらに当てはまります。

プロの雑談とは、「相手が聞きたいことを話す」雑談です。自分から雑談のネタを用意するのではなく、相手が何を知りたいのかを察知して、それに応えるのが雑談のルール。人間関係や仕事におけるチャンス・ピンチのときに、こうしたプロの雑談ができる人は強いです。

私はつねづね、雑談はとても大事だと皆さんに教えています。**ビジネスの9割は雑談で始まります**。そして、雑談が上手いとこんな効果が現れます。

① 印象が変わる
② 仕事の成果が上がる

③ 苦手な人がかなり減る
④ かなりレベルが高い集団に入れる
⑤ 食うに困らない
⑥ 明るくなる

雑談力を鍛えるためには、いろいろな人と話をして、自分の引き出しを増やすことが大切です。これはメールのコミュニケーションでも、リアルでも同じ。ぜひともプロの雑談ができる人になって、人生の質を向上させましょう！

時間が押してしまったら

大事なお話が残っているのですが、
時間の関係上、申し訳ないのですが
１分でまとめてお話しても
よろしいですか？

OK！

NG！

大事なお話が残っているので、
もう少しお時間いただいても
よろしいでしょうか？

こちらの都合よりも、相手の都合を最優先に。一方的に延長をお願いするのは、失礼なこと、このうえありません。

☑ 状況に合わせて臨機応変に対応を

1時間でミーティングを終える予定だったのに、どうにも終わりそうにない……。そんなとき、あなたならどうしますか？

相手の予定が詰まっていた場合、一方的に「もう少しお時間をいただけますか」とお願いするのは失礼にあたります。「大事なお話が残っているのですが、予定の時間までに終わりそうもないので、**1分でまとめて**お話してもよろしいですか？」と尋ねてみて、「いいですよ」と言われたら、「とても大事なお話なので、できれば13時10分に終了というのは皆さんいかがでしょうか」と延長を提案。それが難しいようなら、「では、後ほどパワーポイントにまとめてお送りします」と別の方法でフォローするか、「3日か5日ならオンラインミーティングが可能ですが、いかがいたしましょう」とその場でアポイントを取るのもアリです。

相手の都合を考慮しつつ、急ぎの案件かどうかによって**臨機応変に対応**しましょう。

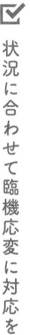

退室するときのあいさつ

今日は皆さんと話せて
良かったです。
ありがとうございました。

OK!

NG!

それでは失礼します。

紋切り型のあいさつは、まったく印象に残りません。ひと言でいいので、感想を述べてから退室しましょう。

感想を加えるだけで印象がグンと良くなる

ミーティングルームから退室するとき、どんなあいさつをしていますか？「ありがとうございました」とお礼を述べて、「失礼します」で退室するのも悪くはありませんが、ギリギリ合格点というところ。

ここにひと言、**今日の感想を加えて**みましょう。

「今日は皆さんとお話できて良かったです。ありがとうございました」

「良いアイデアをいただき、助かりました。ありがとうございました」

テンプレート調のあいさつと比べると、好感度の違いが一目瞭然ですよね。

ミーティングのどこが良かったのか、できれば**具体的な例を挙げて**、感想を述べると場が締まります。お礼を述べたあと、「では、失礼します」と言って退室すればパーフェクト。「あまり良いアイデアは出なかったですね」といった後ろ向きな感想はナシですよ。

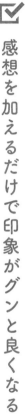

Column 4

オンラインミーティングが苦手なあなたへ

親しい間柄なら事前に相談するのもアリ

リモートワークが普及しつつある、このご時世。オンラインミーティングをする機会が増えている一方で、まだ経験がない人や、1、2回しか参加したことがない人も少なくありません。そして、なかには「目の前にカメラがあると緊張してしまう」「対面と違って場の空気が読みづらいから苦手」という人もいるようです。

オンラインミーティングの相手が、ある程度気心の知れた間柄なら、事前に相談してみるのもアリです。「電話の方がいいアイデアが出やすいんだよ」「顔出しのミーティングだと慣れなくて緊張しちゃって……」などと伝えるのもいいでしょう。そのうえで、電話でのミーティングや顔出しナシでのオンラインミーティングでもかまわないかを聞いてみてください。

親しい間柄なら、お互いに寄り添おうとする気持ちがあるはず。「それなら電話にしましょうか」と、あなたが希望するやり方に変えてもらえるかもしれません。

最初にちょっと顔出しすれば失礼にならない

相談しづらい距離感の相手であれば、事前にメールで「カメラがあると緊張してしまうので、最初に顔を出させていただいて、あとは通話でお話させていただいてもよろしいでしょうか?」や、会議中なら「ネット環境が良くないので、顔を消してお話しても良いでしょうか?」と尋ねてみても。私の周囲にも、オンラインミーティングするときに「顔出しナシでもいいですか?」という人がいましたが、「ダメ」と言われたケースは見たことがありません。

まったく顔を出さないのは失礼にあたるので、最初のあいさつのときだけ少し顔出しして、あとは通話のみに切り替えればOKです。

慣れることでチャンスも広がる！

と言っても、今後はオンラインミーティングの機会がどんどん増え、苦手だからと避けてばかりもいられなくなるでしょう。裏を返せば、オンラインミーティングに慣れれば慣れるほど、ビジネスチャンスも広がるのは間違いありません。

嫌かもしれませんが、まずは最低でも3回、顔出しアリで参加してみてください。3回クリアしたら次は10回。とにかく数をこなして、30回も経験した頃には自信がついているはずです。

いきなり本番に臨む自信がなければ、友達や仲のいい同僚など、内輪で練習してみるのも方法です。まずはハードルが低いところから慣らしていくことも大事。チャンスは無限にめぐってきますし、相手にどうしたらいいか尋ねてみたり、相手に寄り添って相談に乗ったりするのも良いですね。

第5章

リモート飲み会で好かれるひと言

簡単な事前準備とツボを押さえた会話で楽しく！

リモート飲み会の基本ポイント

人数は偶数で、4人までがちょうどいい

リモートと言っても、基本はリアルでの飲み会とほとんど変わりません。お店と違って何人でも参加できますが、あまり多いとオクテな人が全然しゃべれなくなることもあるし、誰が誰だか分からなくなってしまいがちです。**大人数でやるならグループ分け**するのがおすすめです。

理想的なのは、2つに分かれても収まりが良くなるように**人数を偶数にすること。**多くても8人までに抑えて、話が弾んできたら、4人ずつの2グループに分

けるのもいいでしょう。ただし、6人だと3人ずつに分かれた場合に、1人がポツンと取り残される可能性があります。

大人数で飲み会をする場合は、八方美人にならず、「この2人」など**気になる人をピックアップ**してみてください。その人たちと意識的に仲良くすると、恋愛のチャンスがめぐってきやすくなり、相手もあなたに会いたくなることでしょう。

4人か8人がベストでしょう。

服装は明るく、姿勢はきれいに

くだけた飲み会なら、ファッションはある程度ラフでも良いと思いますが、ヨレヨレのTシャツやジャージでは女性陣に引かれてしまうかも。リアルな飲み会に近い感覚で、服もそれなりに小ぎれいなものを選びましょう。

見た目は記憶に残りやすいので、とくに初めて会う相手が参加する場合、第一印象は大事。覚えてもらいやすいように、**明るい色**を選びましょう。パステルピンクやパステルイエロー、水色、グリーンなどもおすすめです。

もうひとつ、オンラインミーティングの章でも触れましたが、**胸を張って背筋を伸ばす**のもポイント。画面越しに見ていると、男女を問わず、姿勢の悪い人ってとても多いんですよ。

自分では格好良く映っているつもりでも、他人からはそう見えていないかもしれません。パソコンで入室する時には、スマホでも入室して、自分がどう映っているかをチェックしてみてください。

自分の雰囲気が伝わる背景を選ぶ

背景はナチュラルな方が、印象は良くなります。真っ黒な壁などは怖い雰囲気になってしまうので、明るめの壁がある場所を選んで。本棚、絵など、自分の雰囲気を表すものがあってもいいですね。場所を決めたら、画面全体のバランスをチェックするのも忘れずに。

事前にいくつかテーマを決めておく

議題が決まっているオンラインミーティングと違い、リモート飲み会ではいろんな人が好き勝手に話すので、話題にのれない人が置いてけぼりになりがち。ときには、聞きたくない話を聞かされる場面も出てくるでしょう。

私のおすすめは、**事前に話すテーマを決めておく**こと。「美味しいお店」「最近気になっているニュース」など、自分にとってプラスになるテーマだと、なお良いでしょう。いくつかのテーマについて、ワンテーマごとに時間を区切って話し、脱線したらみんなで注意し合う。このやり方なら、一部だけが盛り上がるパターンを回避できます。

女性は比べられるのが大嫌い！

2人以上の女性が参加している飲み会では、1人の女性だけをほめてはいけません。それが気になっている女性や好意を抱いている女性でも、です。

例えば場にAさんとBさんという女性がいたとしましょう。あなたや他の男性が「Aちゃんって面白いね」とAさんだけを持ち上げたら、Bさんは表情には出さなくとも内心ムッとすることでしょう。その理由が分かりますか？

男性と女性は性質が違います。男性は自分とその他大勢を一緒くたにされるのが嫌いなんです。カリスマホストのローランドさんも「俺か、俺以外か」と言っていますよね。

女性はそうじゃなくて、「私とあの子」を一緒くたにされたくない。身近な人、隣にいるBちゃんに勝ちたいんです。

だから、**女性をほめるときは平等にほめる**のが鉄則。

「Aちゃんは面白いよね」
「Bちゃんがいるとほっこりするよね」

という具合です。それが難しいなら、下手に1人の女性をほめたり持ち上げたりするのはやめておいた方が無難でしょう。女性は絶対に同性に嫌われたくないので、あなたより彼女たちを取ってしまうからです。

飲みすぎて大失態を演じてしまったら

男同士の飲み会ならともかく、女性（特に気になっている女性なら、なおさらです）が参加している飲み会では、リモートとはいえ飲みすぎはNG。自制がきかなくなって、何を言ったか覚えていないくらいになってしまうと、取り返しがつきません。

それでもつい飲みすぎて、大失態を演じてしまったら……あなたならどうしますか？

メールの章でも触れましたが、人間の感情にはおおよその持続時間（76ページ参照）が存在します。そして、怒りの感情は2時間ほどで終わり、落胆の感情は約1日経てば薄れ、悲しみの感情は約5日間ほどしか続かないことが、脳科学的に解明されています。

あなたが相手を怒らせてしまったことに対し、気になる女性が「この人は最低！」とか「もうメールしたくない」と思ったとしても、2時間ほどインターバルをとれば、マイナスの感情は収まるということ。ですから、やらかしてしまったことをあわててフォローするよりも、2時間ほどおいてから、LINEなりメールなりで連絡するといいでしょう。

気になる女性に話を振るなら

○○ちゃんの話も聞きたいな。
ちょっと話してみてよ。

OK!

NG!

○○さんはどう思います？

聞き役に回ったり、下手に出たりする男性は、女性ウケがいいとは言えません。リードできる男になりきりましょう！

☑ 名司会者になりきってリードする

男女混合の飲み会では、男性が聞き役に回ってしまうと、女性は不安になってしまいます。変にペコペコしたり、優しすぎたりする男性も、あまり好まれません。ふだんよりも**ちょっと強めに出て、女性をリードする**といいでしょう。気になる女性がいるなら、なおさらそこを意識して、飲み会に臨んでください。

理想のイメージは、くりぃむしちゅーの上田晋也さん。女性に話を振るテクニックに、とても長けた方だと思います。対面ではなくリモート、画面の中で話すのですから、名司会者になりきることが大事。グラビアアイドルを撮影する男性カメラマンも良いお手本です。「〇〇ちゃん、ちょっとこっち向いてみて。いいよ、いいよ」という、あの感じですね。

ただ、そこまで場慣れしていないという人や、いきなりキャラ変するのは無理だという人は、最初は聞き役でもかまいません。**「さすが」「知らなかった」「すごい」「センスがいいね」「そうなんだ」（そうだね）」の〝さしすせそ〟**で、やや**大げさにリアクション**をとりながらあいづちを打ちましょう。そうしているうちに、気になる女性から質問が飛んできたら、打ち解けてきたサイン。ここからは頑張って、格好良く話すことを意識してみてくださいね。

女性の好感度をアップさせるには

○○さんがしゃべると
場が盛り上がるね。

OK!

NG!

○○さんって、めっちゃ
俺のタイプなんだよね。

女性に対して、個人的な好みを口にするのはアウト。外面よりも内面を評価する言葉なら、カドが立ちにくいでしょう。

外面よりも内面をほめるのが正解

前述したように、女性は他の女性と比べられたり、他の女性に負けたりすることを極端に嫌います。ですから、みんなの前で1人をほめるのは至難の業。いいなと思っている女性と親しくなろうと、「〇〇ちゃんはかわいいね」なんて言おうものなら、後で他の女性から悪口の集中砲火を受ける可能性すらあります。

それを前提でほめるなら、外面よりも**内面をほめる**方が女性は嬉しく感じます。例えば「おだやかな人」「優しい人」等々。特に「場を盛り上げてくれる」のように、みんなの役に立っていることを伝えると、女性も「ありがとうございます」と喜んでくれるでしょう。もちろん、その後に他の女性もほめるのを忘れずに。

特定の女性にだけほめ言葉を送りたいなら、飲み会のあとに、**SNSでメッセージを個別に送る**のがいいでしょう。これならカドが立ちませんし、「わざわざメッセージで伝えてくれた」と女性も特別感を感じることができます。

場がシーンとなってしまったら

今、みんな何を話そうか
考えて黙っちゃったね。

OK!

NG!

………（無言）。

誰かが話を切り出すのを待つよりも、考えていることを口にする方が前向き。場がなごみ、次へつながりやすくなります。

考えていることを〝実況中継〟して場をつなぐ

それなりに盛り上がっていたのに、たまたま全員の話が途切れて、場がシーンとなってしまう瞬間ってありますよね。お互いに「誰かが口火を切るんじゃないか」と探り合うような状況になると、場がしらけてしまうことも。

そんな時は、自分が**今考えていることを口にして**みましょう。

「初めてのＺｏｏｍ飲み会だから緊張しちゃって」

「今、みんな何を話そうか考えて黙っちゃいましたね」

こう〝実況中継〟をすれば、必ず誰かが「本当ですよね」とつなげてくれます。

デートやお見合いでも同じで、「何を話そうか」と考えて沈黙してしまうより、「何を話そうかって考えてました」と口に出した方が建設的です。女性の側も「そうだったんですね。私も同じことを考えてて」と、笑顔で返してくれるでしょう。そこからは、これまでの会話の話よりも、リラックスできる雑談をするのがベストです。

無理に話を振るくらいなら、考えていることを実況中継する。どうしても無言の時間が多くなってしまうという人は、ぜひこのテクニックを使ってみてください。

話についていけなくなったら

今、ボーッとしてて
話を聞き逃しちゃったので
教えてもらえますか？

OK！

NG！

うんうん、なるほど
（何の話だ？）。

分かっているふりはもっとも嫌われる行動です。その場しのぎでごまかすよりも、素直に聞いた方が好感を持たれますよ。

聞くは一瞬の恥、聞かぬは一生の恥

　ふと気づくと、自分だけが話に乗り遅れてしまって、（あれ、どこまで話が進んでいるんだ？）（何の話をしているんだっけ）とあわてることがありますよね。そんなとき、取り繕おうと「なるほどね」とあいづちを打ったりするのは、最悪のリアクションです。知ったかぶりや分かったふりをする人は、女性のみならず男性からも嫌われてしまいます。

　プライベートな場なのですから、ここは素直に**「今、ボーッとしていて話を聞き逃しちゃいました。どこまで話が進んでいましたか？」**と、話の中心にいる人に聞くといいでしょう。「しょうがないなあ」とあきれられるかもしれませんが、分かったふりをして見抜かれるよりも、よほど好感を持たれます。

　嘘やごまかしは、自分で思うよりも周囲にバレているもの。「聞くは一瞬の恥」という言葉どおり、ちょっと恥をかく程度ですむならもうけものだと思いませんか？

興味のない話題になったら

へえ、そうなんだ！

OK！

NG！

へぇ〜。

おざなりなあいづちは、興味がないと伝えているようなもの。
大げさなくらいのリアクションがちょうどいいんです。

☑ リモートだからこそリアクションは大きく！

どうしても興味が持てない話題になったとき、あからさまに無口になるのは論外ですが、適当にあいづちを打って流すのも正解とは言えません。「この話題に興味がなくて、つまらないんだな」と思われて、その場でなんとなく浮いてしまいます。女性と話しているときに、興味のない話題になると反応が薄くなる男性っていますよね。それと同じです。

ましてやリモートですから、リアクションが小さい人は「興味がない」「ノリが悪い」ように見えるため、あまり好かれません。

ですから、**リアクションはいつもより大きめに**。あいづちを打つなら、身を乗り出したり大きくうなずいたりしながら、「へえ、そうなんだ！」と返しましょう。無理に話を合わせるよりも、リアクションをしっかりと取った方が断然ウケが良くなります。

女性を前にすると緊張してしまって、聞き役になりがちという人にも、リアクションを大きくする方法はおすすめです。

カドを立てずに切り上げるには

明日は朝が早いので、
抜けさせてもらいます。
今日は本当に楽しかったです！

OK!

NG!

こんな時間だし、そろそろ
お開きにしませんか？

途中で抜けるなら、「自分の都合で」抜けるのだと伝えるのがポイント。場を盛り下げるような言い方は避けましょう。

自分の都合で抜けるのが鉄則

夜も更けてきたからお開きにしたい。気になっている女性がそわそわし始めたけれど、場が盛り上がっていて、お開きにしようとは言い出しにくい……。リアルなお店と違って閉店時間がないリモート飲み会では、空気の読み合いになった挙げ句、ズルズルと続けてしまうパターンが少なくないようです。

上手く抜けるコツは、「明日の朝が早いので」「電話が何回か入っていて、急ぎの用事かもしれないので」など、**自分の都合で「抜けますね」と切り出す**こと。そして、「皆さんは引き続きしゃべっていてくださいね。今日は楽しかったです、またよろしく」とフォローしてから抜けましょう。他に抜けたい人がいた場合、「私もそろそろ」と言い出しやすくなるので、そわそわしている人に助け舟を出すことにもなります。

NGパターンは「こんな時間だからお開きにしませんか？」。盛り上がっていたときには水を差してしまいますし、「遅くまで拘束された」と匂わせているように思われるかもしれません。みんなのせいじゃない、ということを誤解のないように伝えましょう。

おわりに

1通のメールから人生が始まり、出会い、交際、結婚、妊娠や出産、喧嘩もし、泣いたり笑ったり、別れたり。こうした人生のさまざまなシーンは、メールによって彩られています。

昔ヒットした「古いアルバムの中に……」なんて歌がありましたが、今の時代は古いメールを開いて、「あのときの……」なんて振り返ったりして、懐かしい思い出も当時の感情も、メールで呼び起されるものに変わってきています。メールをしない日はないという人が、今は多数派となりました。

今の時代、コミュニケーションの中心は完全にメールやSNSとなっています。そして、誰かの人となりをジャッジする基準も、会話からメールへと変わりつつあります。

私はよく婚活中の女性から、「マキさん、結婚相手に考えている男性が2人いるんですけど、どっちの彼と結婚すべきですか?」と相談を受けることがあります。そんなとき、私は「彼からのメールを読み返してみて」とアドバイスしています。メールやSNSは日常的なやりとりですよね。だから読み返したときに、より心地いいと感じられる相手とは、結婚後も心地いい関係を築きやすいんです。

こんなふうに、今や結婚相手もメールで判断する時代。逆に言えば、文章のセンスしだいで恋も結婚も引き寄せられるということにもなります。

それだけではありません。たった1行、たったひと言で、誰かの命を救ったり、誰かに勇気を与えたり、売り上げを伸ばしたりもできる。メールやSNSには、あなたが想像する以上のエネルギーやパワーがあるのです。

また、会話と違って、メールやメッセージはあなたの代わりに相手の受信ボックスにも残ります。自分が相手の元を去ったとしても、その人に送ったメールは生き続けるのです。家族や愛する人は必ずあなたからのメールを読み返し、一生の宝物にするでしょう。相手に届くメールは、あなたの分身。あなたが思う以上に大事なものなのです。

インターネット・コミュニケーションの時代、メールやSNSが上手なことは財産です。新しい価値観として、ぜひ身につけてください。

最後に、お世話になった編集担当の帆刈さん、ビジネスで基本となるコミュニケーションを教えてもらったメンターの経営コンサルタント 石原明先生、脳科学に基づく情報を提供していただいた法廷臨床心理学博士・神経言語プログラミング（NLP）マスタートレーナーの遠藤K.貴則さん、交渉の極意をアドバイスしていただいた一般社団法人 プロセールス協会 代表理事の小沼勢矢さん、ビジネスにおける経験値から新しい角度でご意見をいただいた連続起業家（アントレプレナー）小島幹登さんをはじめ、白鳥マキを支えてくださっている愛する家族と関係者の皆様に「感謝」の気持ちとそして「ありがとう」を贈ります。

そして本書を手に取ってくださった読者の皆さん。本書を最後までお読みいただきありがとうございました。あなたはメールでヒーローになります。

誰かを笑顔でいっぱいにしていただけることを信じて。
あなたのメッセージが決して怒りや悲しみではなく、
最高の至福と豊かさを運びますように。
大切な愛するあなたに捧げます。

白鳥マキ

白鳥マキ

モテメールコミュニケーション評論家
結婚コンサルタント

Change Me 結婚相談所代表。婚活、恋愛のカウンセリングの数は1万2000人を超え、歯に衣着せぬ語りが好評を博し、カウンセリング予約は半年待ち。企業にメールコミュニケーションのコンサルティングを行うほか、全国各地の公共団体でもビジネスセミナー、講演を多数開催。受講者数はのべ3万人を超える。モテメールコミュニケーション評論家として、テレビ、雑誌、ラジオ、新聞などの各メディアで活躍中。
著書『モテるメール術』(ダイヤモンド社)は5刷を超えるロングセラーとなり、海外でも出版された。近著に恋愛予祝本『1分彼女の法則』(フォレスト出版。ひすいこたろう氏、大嶋啓介氏と共著)。

【白鳥マキの Change Me 結婚相談所】
https://change-me.info/

もっと好かれる人になる！
解説動画プレゼント

白鳥マキのモテ公式LINE@

「たったひと言」で好かれる人になる

発行日	令和3年6月6日発行
著　者	白鳥マキ
発行人	笠倉伸夫
発行所	株式会社笠倉出版社 〒110-8625　東京都台東区東上野2-8-7 笠倉ビル 営業：0120-984-164 内容についてのお問い合わせ：sales@kasakura.co.jp
編　集	有限会社スタジオエクレア
印刷・製本	株式会社光邦

ISBN 978-4-7730-6130-7